IAAL
大学図書館業務
実務能力認定試験
過去問題集

情報サービスー文献提供編

小西 和信 監修
IAAL認定試験問題集編集委員会 編

樹村房

まえがき

　このたび『IAAL大学図書館業務実務能力認定試験 過去問題集』をお届けします。「総合目録－図書編」「総合目録－雑誌編」(夏頃の予定)「情報サービス－文献提供編」の3分冊の刊行となります。これまでIAALでは、「模擬問題」に詳細な解説を施した「2012年版」「2014年版」「2016年版」の3冊の問題集を刊行してきました。それぞれ好評をもってご活用いただいたものの、受験生の皆様からはさらに、過去問自体の公開を望む声が強く寄せられていました。しかし、2009年から始まった認定試験は、最も多い試験区分でも年1回程度の実施ですので、公開するだけの蓄積量が整わず、その要望に応えることができないまま今日に至っておりました。今回、今後の試験運営への影響を与えない範囲で、限られた回数分ではありますが、過去問題の公開に踏み切りました。また、受験者の便宜を考慮し試験区分毎の分冊化を図りました。

　この過去問題集では、これまで実施した試験問題紙の実物をそのまま再現するよう努めています。そのため、当時は適切であった問題でも今日では意義を失ったものや、解答自体が逆になるケースも生じています。それらはごく少数例ですが、ご使用にあたってあらかじめご了解いただければと存じます。

　「実務能力認定試験」の設計思想と概要については、本書第1章に筑波大学の大庭一郎氏による詳細な解説が用意されています。さて、大学図書館で働く職員(公立図書館職員も同様ですが)にとって、この認定試験はどう位置づけられるのでしょう？　それは、プロの職員として求められる「実務能力」を測り、一層の「自己研鑽と継続学習」に励むためのツールの一つであるということです。試験の性格上、実施するIAALが「認定」する形式を採っていますが、IAALはあくまで「自己認定」のための材料を提供しているに過ぎないと考えています。

　先日何度目かの再放送で、『下町ロケット』(池井戸潤原作)を視たのですが、主人公の町工場の社長が、「穴を開ける、削る、研磨する——技術がいくら進歩しても、それがモノ作りの基本だと思う」とロケット部品を供給することになる大企業の部長に熱弁をふるう場面(TVドラマでは法廷での証言だったと思います)がありました。私はこれを図書館にあてはめたらどうなるだろうと夢想しました。すこし危なっかしいのですが、「目録を作る、分類する、検索する——時代がどれだけ変わってもこれが図書館で働くことの基本である」ということになります。「目録」は書誌データの解析能力です。「分類」は主題分析力です。「検索」はレファレンス能力です。このアナロジーで言うと、IAALの認定試験では、「分類」以外の二分野に対応できていると思います。それぞれの試験をクリアするということは、図書館の「実務能力」に関して、プロの実力を持つと「認定」されるということです。

この「過去問題集」と向き合うことで，認定試験突破のための力が涵養されるものと信じております。個々の問題が，どういう意図で作られているかを知りたい方は，以前出た版を併せてご使用ください。

　この問題集を，大学図書館，公立図書館職員の皆様，司書課程に学ぶ学生諸君，図書館職員の業務内容や専門性に関心を持つ皆様にお届けしたいと思います。本書が，図書館職員の実務能力向上に少しでもお役に立てるよう望んでいます。最後に，作問に当たられた方々のご努力に敬意を表し，出版物としての精度を高めてくださった樹村房の皆様に感謝申し上げます。

　2018年3月1日

監修者　小西和信
（武蔵野大学教授・NPO法人大学図書館支援機構理事長）

IAAL 大学図書館業務実務能力認定試験 過去問題集 情報サービス－文献提供編

まえがき　3

第1章　IAAL大学図書館業務実務能力認定試験の設計思想と概要　——— 7

はじめに ………………………………………………………………………… 8
1．IAAL認定試験の実施の背景 ……………………………………………… 8
　1．1　大学図書館業務と担当職員の変化 ………………………………… 8
　1．2　日本の図書館界における専門職員資格試験の動向 ……………… 9
2．IAAL認定試験の設計思想 ………………………………………………… 10
　2．1　IAAL認定試験の検討開始 …………………………………………… 10
　2．2　IAAL認定試験の作成 ………………………………………………… 10
　2．3　IAAL認定試験の運営・実施 ………………………………………… 14
3．IAAL認定試験過去問題集の活用方法 …………………………………… 16
おわりに ………………………………………………………………………… 17
資料①　IAAL認定試験の試験科目一覧 ……………………………………… 22
資料②　IAAL認定試験の出題枠組み ………………………………………… 23
資料③　出典・参考教材一覧：「総合目録」・「情報サービス－文献提供」(領域Ⅴ) …… 28
資料④　IAAL認定試験の実施状況 …………………………………………… 30

第2章　「情報サービス－文献提供」過去問題　——— 33

第1回　試験問題 ……………………………………………………………… 35
第2回　試験問題 ……………………………………………………………… 55
第3回　試験問題 ……………………………………………………………… 79
第4回　試験問題 ……………………………………………………………… 105
第5回　試験問題 ……………………………………………………………… 129
第6回　試験問題 ……………………………………………………………… 153

あとがき　177

第1章

IAAL大学図書館業務実務能力認定試験の設計思想と概要

IAAL大学図書館業務実務能力認定試験の設計思想と概要

大 庭 一 郎 (筑波大学図書館情報メディア系)

はじめに

　特定非営利活動法人(NPO法人)大学図書館支援機構(Institute for Assistance of Academic Libraries：略称IAAL（アイアール））は，2007年6月26日，東京都の認証を受けて設立されました[1]。IAALの目的は，「大学図書館及びその利用者に対して，研修及び業務支援に関する事業を行い，大学図書館の継続的発展を通して学術研究教育に寄与すること」です。IAALは，特定非営利活動の事業として，(1)情報リテラシー教育支援事業，(2)大学図書館職員研修事業，(3)大学図書館業務支援事業，(4)大学図書館運営に係る助言または援助の事業，を行ってきました。(2)の大学図書館職員研修事業では，「①講習会の開催」と「②資格の認定，基準の策定及び公表」の実施が規定されています[2][3]。

　IAALは，事業活動の一環として，IAAL大学図書館業務実務能力認定試験(以下，IAAL認定試験と略す)の企画検討を行い，2009年5月17日(日)に，IAAL認定試験「総合目録－図書初級」第1回を実施しました。筆者は，IAAL認定試験の準備段階から実施までの検討に参加し，問題作成の基本方針の策定等に携わる機会を得ました。そこで，第1章では，IAAL認定試験の実施の背景，IAAL認定試験の設計思想，IAAL認定試験過去問題集の活用方法，について記します。

1. IAAL認定試験の実施の背景

1.1　大学図書館業務と担当職員の変化

　1989(平成元)年度以降，日本の大学図書館は，サービス提供の量的拡張が進行する中で，経営管理に必要な資源の縮小も進みました。そのような状況の中で，大学図書館の専任職員が削減され，それを埋め合わせる形で非専任職員が増加してきました[4]。2017年5月1日現在で実施された日本図書館協会の調査によれば，日本の4年制大学の大学図書館は1,424館(本館772，分館・分室652)あり，その中の調査回答館1,378館には，専従職員4,311人，兼務職員1,304人，非常勤職員2,749人，臨時職員1,434人，派遣職員等3,913人の計13,711人が働いています[5]。専従職員と兼務職員の合計を専任職員ととらえるならば，専任職員5,615人(41.0%)，非専任職員8,096人(59.0%)になります。

　2007年に，佐藤翔と逸村裕(筑波大学)は，日本の4年制大学図書館における外部委託に関する調査を実施しました（対象館704，有効回答358(50.9%)，国公私の内訳は国立70(80.5%)，公立44(58.7%)，私立243(44.9%)，放送大学1(100%)）。この調査によって，大学図書館の41種類の委託業務内容は，専門性の低い整理・閲覧関連業務(カウンター(42.1%)，装備(36.7%)，コピー・カタロギング(34.7%))から，専門性の高い整理関連業務(分類作業(27.4%)，オリジナル・カタロギング(26.9%))，専門性の高い閲覧業務(DB検索操

作の援助(24.1%),目録使用・図書選択等の援助(23.8%),レファレンス・サービス(19.5%))まで,広範囲にわたることが示されました(数値は委託率)[6]。

大学図書館業務の遂行には,担当職員が個々の業務に必要な暗黙知(主観的で言語化・形態化困難な知識)と形式知(言語または形態に結晶された客観的な知識)を,十分に備えている必要があります[7]。かつての大学図書館は,専任職員が多く,各係(各業務)に一定数の職員が配属されていたため,先輩職員から後輩・新人職員に対して,業務上の暗黙知と形式知を伝達できる環境がある程度整っていました。しかし,近年の大学図書館業務は,職員削減で各業務の担当職員が減少する中で,専任職員だけでなく,多様な雇用形態の職員によって支えられています。雇用形態の異なる職員の間では,業務上の暗黙知と形式知の伝達が困難になるだけでなく,職員研修の機会にも大きな差が生じます。専任職員を中心に運営されている大学図書館の場合でも,各係(各業務)の定員減によって,担当業務に必要な暗黙知と形式知が伝達・継承されにくくなっています。現代の大学図書館では,図書館業務の担当職員が,日々の業務に必要な実務能力を維持・発展させたり,各自の業務に必要な研修等に参加して実務能力を継続的に高めていくことが,従来よりも困難になってきています。このような状況を受けて,2008年4月,IAALは,IAAL認定試験の実現に向けた企画検討を開始しました。

1.2 日本の図書館界における専門職員資格試験の動向

日本の図書館界では,1980年代以降,専門司書資格認定試験の提案や館種別専門職員資格試験の検討が行われてきました[8)9)]。さらに,2006年3月発表の『情報専門職の養成に向けた図書館情報学教育体制の再構築に関する総合的研究』(通称,LIPER報告)[10]を踏まえて,2007年度から,日本図書館情報学会は「図書館情報学検定試験」の準備試験を実施しています[11]。このような状況の中で,1999年3月に,薬袋秀樹(図書館情報大学)が『図書館雑誌』に発表した「司書の専門的知識の自己評価試験」の提案は,司書の専門的知識の向上に役立つ実現可能な方法として,注目すべき内容を含んでいました。この試験の内容と効果(3点)は,以下のとおりです[12]。

- 公立図書館の司書に必要な専門的知識について,五肢択一形式の試験問題を数百題以上作成し,回答とともに問題集にまとめて,冊子形態で刊行する。正答率の目標や基準を示しておく。
- 公立図書館の司書は,それを購入し,自分で問題を解き,回答と照らし合わせて採点する。
①司書は自分の専門的知識がどのようなレベルにあるか,どの分野が弱いかを自己評価することができる。
②自己評価によって,司書の自己学習の動機が高まる。
③問題の作成を通じて,司書に必要不可欠な専門的知識の内容が明確になる。

薬袋の提案は,公立図書館司書の専門的知識の向上を目指した提案でしたが,IAALが,大学図書館業務における実務能力認定試験のあり方を検討する際に,示唆に富む内容を含んでいました。

2. IAAL認定試験の設計思想

2.1 IAAL認定試験の検討開始

　2008年4月，IAALは，IAAL認定試験の実現に向けた企画検討を開始しました。
　IAAL認定試験は，大学図書館で働く専任職員と非専任職員に，大学図書館業務の実務能力に関する自己研鑽と継続学習の目標・機会を提供することを目的として，企画されました。現代の大学図書館業務には，多様な業務が含まれており，個々の業務の担当職員に必要な専門的知識と経験は異なっています。大学図書館業務の実務能力を試験で問う場合には，多くの大学図書館で標準的に実施されている業務を対象として，試験問題を作成する必要があります。そこで，IAAL認定試験では，日本の大学図書館で標準的に活用されている書誌ユーティリティを対象とした試験問題の開発に，最初に着手しました。
　国立情報学研究所(National Institute of Informatics：略称NII)の目録所在情報サービス(NACSIS-CAT/ILL)は，日本の大学図書館を結ぶ書誌ユーティリティです。NACSIS-CAT/ILLでは，参加館が所蔵資料の書誌情報と所在情報をオンラインでデータベース化し，その所在情報データベースを利用して，各館の未所蔵資料を相互に提供する図書館間相互協力が行われています。NACSIS-CAT/ILLは，大学図書館の業務システムをサポートし，日本の学術情報流通基盤を支えるサービスシステムとして成長してきました。しかし，近年，NACSIS-CAT/ILLの問題点として，①データベースの品質を共同維持するという意識の薄れ，②担当者の削減とスキルの低下，③業務の低コストでの外注化による図書目録データの品質低下(例：重複書誌レコードの頻発)，④雑誌所蔵データ未更新による雑誌目録データの品質低下，等が指摘されるようになりました[13]。NACSIS-CAT/ILLを取り巻く問題状況を改善するひとつの手立てとして，IAAL認定試験を通じて，NACSIS-CAT/ILLに携わる専任職員と非専任職員の自己研鑽と継続学習の目標・機会を提供することは，大学図書館業務の基盤を支える上で有効であると考えられました。そこで，IAALは，2008年4月から2009年4月にかけて，IAAL認定試験「総合目録－図書初級」の実施の方向性を検討し，試験問題の開発に取り組みました。

2.2 IAAL認定試験の作成

(1) IAAL認定試験の試験方法の選定

　IAAL認定試験は，大学図書館で働く専任職員と非専任職員に，大学図書館業務の実務能力に関する自己研鑽と継続学習の目標・機会を提供することを目的としています。
　試験問題を作成する場合，試験の目的(目標)に応じて，多様な出題形式が選択できます。一般的な試験方式として，筆記試験，面接試験，実技試験，適性試験，等があります。そして，筆記試験には，選択式試験(補完式(文章の空欄記入)，正誤式，組合せ式，多肢選択式(択一式，複数選択式))のほかに，論文式試験，その他の記述式試験，があります。例えば，人事院が，1985(昭和60)年から2003(平成15)年にかけて実施した国家公務員採用Ⅱ種試

験「図書館学」では，第1次試験で教養試験(多肢選択式)，専門試験(多肢選択式)，専門試験(記述式)を課し，第2次試験で人物試験を行いました[14]。国Ⅱ(図書館学)は，「図書館学」領域の多数の志願者の中から一定の人数(採用予定者数)を選抜するために，競争試験として実施されていました。しかし，IAAL認定試験は，職員採用で用いられる競争試験とは異なり，IAAL認定試験受験者が，個々の大学図書館業務に必要な実務能力について一定レベルに到達しているかどうか，を的確に判定できることが，重要なポイントになります。そこで，IAALは，各種の試験方式を検討した上で，IAAL認定試験「総合目録－図書初級」「総合目録－雑誌初級」「情報サービス－文献提供」では，自動車の普通免許の学科試験の方式を採用することにしました。

　道路交通法の第97条(運転免許試験の方法)は，免許の種類ごとに，自動車等の運転に必要な適性，技能，知識に関する運転免許試験を行うと規定しています[15]。そして，道路交通法施行規則の第25条(学科試験)では，「自動車等の運転に必要な知識についての免許試験(以下「学科試験」という。)は，択一式又は正誤式の筆記試験により行うものとし，その合格基準は，90パーセント以上の成績であることとする」[16]と規定しました。学科試験は，道路交通法の第108条の28(交通安全教育指針及び交通の方法に関する教則の作成)を踏まえて，国家公安委員会が作成した『交通の方法に関する教則』(略称，交通の教則)の内容から出題されています[17]。例えば，1990年の学科試験(第一種運転免許の普通免許)では，正誤式の筆記試験が，出題問題数100問，試験時間50分，合格基準90パーセント以上(正解90問以上)で実施されていました。この学科試験では，「教習1　運転者の心得」から「教習29　悪条件下の運転など・運転者の社会的責任と安全運転」までの29教習が設定され，教習ごとに何問程度出題されるか基準が示されていました[18]。現在の学科試験(第一種運転免許の普通免許)は，正誤式の筆記試験が，文章問題90問(各1点)とイラスト問題5問(各2点)，試験時間50分，合格基準90パーセント以上(90点以上)で実施されています[19]。長信一(自動車運転免許研究所)は，現行の学科試験の出題傾向を分析し，9領域の出題率(自動車の運転の方法35%，歩行者と運転者に共通の心得12%，自動車を運転する前の心得11%，等)を示しています[20]。このように，運転免許試験の学科試験では，試験問題の出題枠組みが明確に定められ，出題枠組みの各領域から試験問題が満遍なく出題されるように設計されています。

　正誤式の筆記試験は，普通免許の学科試験のように，短文の問題文を提示してそれが全体として正しいか(正)，誤りを含んでいるか(誤)を問うものです。正誤式の筆記試験の長所は，事実や知識についての記憶力や判断力を広範囲にわたって把握するのに適していることです。必要に応じて，マークシート方式の解答用紙を設計することもできます。一方，この試験方式の短所は，回答が正誤(○×)の2分法になるため，他の試験方式と比較した場合，推測・推量による正答の確率が高いことが挙げられます。正誤式の筆記試験には，長所・短所がありますが，普通免許の学科試験では，多数の問題(100題)を出題し，それらに短時間(50分)で回答させ，合格基準を高く設定(90%以上)しています。これによって，短時間に(1問当たり30秒で)，各問に対する瞬時の正確な判断を求め，推測・推量による回答を極力減らす工夫がなされています。

　IAAL認定試験「総合目録－図書初級」および「総合目録－雑誌初級」は，国立情報学研究

所（NII）の目録所在情報サービス（NACSIS-CAT/ILL）を活用した図書館業務を行う際に，一定の実務能力に達しているかどうかを判定しようとしています。正誤式の出題方式には，長所・短所がありますが，NACSIS-CAT/ILLを図書館業務で用いる際に必要な事実や知識についての記憶力・判断力を広範囲に問い，NACSIS-CAT/ILLを安定して活用・運用できるかどうか判定するには，最適であると考えました。そこで，IAAL認定試験「総合目録－図書初級」「総合目録－雑誌初級」「情報サービス－文献提供」では，正誤式の筆記試験（マークシート方式）を採用し，出題問題数100問，試験時間50分，合格基準80パーセント以上（正解80問以上）で実施することにしました。一方，IAAL認定試験「総合目録－図書中級」「総合目録－雑誌中級」の場合は，多様な出題ができるように多肢選択式の筆記試験（マークシート方式）を採用し，出題問題数150問，試験時間90分，合格基準80パーセント以上（正解120問以上）で実施することにしました。

　IAAL認定試験における大学図書館業務の実務能力の判定方法については，各試験の合格点を設定し合否判定をするのか（合格点設定方式），あるいは，TOEICやTOEFLのように点数（スコア）を提示するのか（点数提示方式）について，さまざまな議論がありました。最終的には，IAAL認定試験の受験者の自己研鑽と継続学習の目標を明確にするために，個々の図書館業務を4年以上経験した者が合格できる点数（80点・中級120点）を定め，合格基準80パーセント以上（正解80問以上・中級120問以上）で，合否判定をすることになりました。

　IAAL認定試験の計画段階では，日本各地の大学図書館職員がIAAL認定試験を受験しやすいように，筆記試験をWebテストで実施することを検討しました。しかし，Webテストに必要な機器類の導入経費が高額であり，Webテスト実施時の厳密な本人確認に不安な点があることから，Webテストの実施を断念し，試験会場で筆記試験を行うことになりました。IAAL認定試験の試験科目一覧は，【資料①】として章末に掲載してあります。

（2）IAAL認定試験の評価ポイント（評価指針）と出題領域

　IAAL認定試験を作成する第一段階として，各試験の評価ポイント（評価指針）と出題領域を設定しました。5種類の試験の評価ポイント（評価指針）と出題領域は，表1のとおりです[21)22)23)]。

　次に，評価ポイント（評価指針）と出題領域を踏まえて，IAAL認定試験の出題枠組みを作成しました。一般に，各種の認定試験や検定試験が社会や関連領域（業界）で一定の評価を得るには，①各回の問題作成方針（指針）が一貫性を保ち，②各回の問題のレベルと質が同一水準を維持し，③一度開始された試験が厳正かつ永続的に実施されること，が重要です。そして，①②を担保するには，試験の出題枠組みの設計が重要であり，試験の成否を決めることになります。そこで，IAALは，運転免許試験の学科試験を踏まえて，個々の大学図書館業務に対応した厳密な出題枠組みを作成しました。IAAL認定試験の出題枠組みは，【資料②】として章末に掲載しました。【資料②】の出題枠組みをご覧いただくことによって，IAAL認定試験の各領域内に，どのような範囲とテーマが設定され，出題されるのか（重視されているのか）把握できます。IAAL認定試験の学習ポイントを把握し，問題・解説を読む際に，【資料②】の出題枠組みを活用してください。

表1　IAAL認定試験の評価ポイント（評価指針）と出題領域

科目	評価ポイント（評価指針）	出題領域
総合目録－図書初級	総合目録の概要，各レコードの特徴，検索の仕組みについて理解し，和洋図書の的確な検索と，結果の書誌同定の判断ができるかどうかを判定する。また目録規則の基礎的な知識を確認する。	I．総合目録の概要 II．各レコードの特徴 III．検索の仕組み IV．書誌同定 V．総合
総合目録－雑誌初級	総合目録の概要，各レコードの特徴，検索の仕組みについて理解し，和洋雑誌の的確な検索と，結果の書誌同定の判断，正確な所蔵登録ができるかどうかを判定する。また目録規則の基礎的な知識を確認する。	I．総合目録の概要 II．各レコードの特徴 III．検索の仕組みと書誌の同定 IV．所蔵レコードの記入方法 V．総合
総合目録－図書中級	書誌作成の手順を理解し，目録規則，コーディングマニュアルの考え方に基づき，情報源から和洋図書の目録作成ができるかを評価する。	I．目録の基礎 II．書誌作成・和図書 III．総合・和図書 IV．書誌作成・洋図書 V．総合・洋図書
総合目録－雑誌中級	書誌作成の手順を理解し，目録規則，コーディングマニュアルの考え方に基づき，情報源から和洋雑誌の目録作成ができるかを評価する。	I．目録の基礎 II．書誌作成・和雑誌 III．総合・和雑誌 IV．書誌作成・洋雑誌 V．総合・洋雑誌
情報サービス－文献提供	文献提供にかかわる著作権などの制度についての知識，書誌事項の読み取り，文献探索の方法，所蔵調査，それにNACSIS-ILLの利用についての能力を総合的に評価する。	I．文献提供総論 II．書誌事項の解釈 III．文献探索 IV．所蔵調査 V．ILLシステム

(3) IAAL認定試験の出題範囲(出典)

　IAAL認定試験「総合目録－図書」「総合目録－雑誌」では、試験問題作成の出題範囲(出典)として、以下の資料が設定されています。
- 『目録情報の基準』[24]
- 『目録システム利用マニュアル』[25]
- 『目録システムコーディングマニュアル』[26]
- 『目録システム講習会テキスト　図書編』[27]
- 『目録システム講習会テキスト　雑誌編』[28]

　さらに、IAAL認定試験「総合目録－図書中級」と「総合目録－雑誌中級」では、『日本目録規則』[29]と『英米目録規則』[30]も参照する必要があります。

　一方、IAAL認定試験「情報サービス－文献提供」は、情報サービス業務における文献提供に焦点をあてて、IAALが独自に出題範囲を設計しました。そのため、IAAL認定試験「総合目録－図書」「総合目録－雑誌」とは異なり、「情報サービス－文献提供」の試験問題作成の出題範囲(出典)を網羅的に示すことは困難です。そこで、【資料②】の「情報サービス－文献提供」の出題枠組みでは、出題対象を記しました。ILLシステムについては、以下の資料があります。
- 『ILLシステム操作マニュアル』[31]
- 『ILLシステム操作マニュアル：ISO ILLプロトコル対応』[32]
- 『NACSIS-ILLシステム講習会テキスト』[33]

　IAAL認定試験は、これらの出題範囲(出典)を踏まえて、NACSIS-CAT/ILLの業務に従事したことがある図書館職員が、試験問題の作成を行っています。IAAL認定試験の出典・参考教材一覧は、【資料③】として章末に掲載してあります。

　IAAL認定試験過去問題集は、3分冊(総合目録－図書編、総合目録－雑誌編、情報サービス－文献提供編)で刊行されます。IAAL認定試験「総合目録－図書」「総合目録－雑誌」の設問中で問う書誌レコードは、NACSIS-CATの入力基準に合致した、正しい記述がなされている書誌を想定しています。問題を解く際は、書誌レコードは正しい記述がなされているという前提で解答してください。設問中に提示した書誌レコードは、『目録システムコーディングマニュアル』に準拠しています。

　なお、本書に収録したURL、出題対象の各種情報源・システムは、2018年3月現在のデータに基づいています。

2.3　IAAL認定試験の運営・実施

(1) IAAL認定試験の運営マニュアルの作成

　各種の認定試験や検定試験が成功するには、良い試験問題を継続的に作成できる体制を整備するだけでなく、各試験が厳正かつ適切に実施される体制を整えることが、非常に重要です。特に、新しい認定試験や検定試験が、社会や関連領域(業界)で受容されるには、個々の試験が、厳密に実施されていることが担保されていなければなりません。認定試験や検

定試験の成否は，良問の継続的な作成と試験実施マニュアルの整備が，車の両輪として機能することにかかっています。

そこで，IAALは，IAAL認定試験を開始する際に，詳細なIAAL認定試験運営マニュアルを整備しました。各試験会場は，IAAL認定試験運営マニュアルに基づいて，試験会場の準備，受験者の受付，試験実施，試験会場の片付け，試験の事後処理，等を行っています。特に，受験者の本人確認は，受験申込み写真と本人確認書類（免許証，パスポート，等）を照合して，厳正な試験が担保できるように留意しています。IAAL認定試験運営マニュアルによって，各試験会場は，全国一斉に同一条件で，厳正な試験を実施しています。

（2）IAAL認定試験の実施

IAALは，2009年5月17日（日）に，IAAL認定試験「総合目録－図書初級」第1回を実施しました。IAAL認定試験「総合目録－図書初級」第1回は，東京と名古屋の2会場で行い，受験者総数は216名（東京180名，名古屋36名）でした。この試験の平均点は79.9点，合格基準80パーセント以上（正解80問以上）を充たした合格者は112名（52％）でした。IAAL認定試験では，試験改善のために，アンケートで受験者の目録業務経験年数等を質問しています。「総合目録－図書初級」第1回では，NACSIS-CATの経験年数が4年以上の受験者（99名）の中で，78人（79％）が合格しています[34]。

IAAL認定試験は，職員採用で実施される競争試験のように，受験者を選抜し落とすための試験ではありません。しかし，IAAL認定試験受験者が，個々の大学図書館業務に必要な実務能力について一定レベルに到達しているかどうかを判定するため，一定レベルに達していない場合は不合格になります。IAAL認定試験の開始直後は，IAAL認定試験問題集が刊行されていなかったため，試験勉強に取り組みにくい状況がありました。そこで，2012年4月に『IAAL大学図書館業務実務能力認定試験問題集 2012年版』[35]が初めて刊行され，2013年10月に2014年版，2015年9月には2016年版[36]が刊行されました。今後，過去問題集を踏まえた試験勉強が可能になりますので，IAAL認定試験の合格者は増加すると思われます。私見にすぎませんが，過去問公開によって合格者が急増する場合は，IAAL認定試験の質を維持するために，運転免許試験の学科試験（第一種運転免許の普通免許）と同様に，合格基準90パーセント以上（正解90問以上）にする必要があるかも知れません。

IAAL認定試験の実施結果は，各受験者に，試験の合否に関わらず各領域の得点を通知しています。そして，合格者には，運転免許証のような写真入りカード形態の合格証を発行しています[37]。

2009年5月以降，IAALは，年2回（春季（5月か6月上旬）と秋季（11月）），IAAL認定試験を実施してきました。2010年5月16日（日）には「総合目録－雑誌初級」第1回を行い，2010年11月7日（日）には「総合目録－図書中級」第1回を実施しました。2012年11月4日（日）には「情報サービス－文献提供」第1回を行い，2014年4月27日（日）には「総合目録－雑誌中級」第1回を実施しました。さらに，IAAL認定試験が5種類整備されたことを受けて，2015年春季から，同日に2科目受験できる運営体制が整えられました。IAAL認定試験の実施状況は，『IAALニュースレター』を通じて，随時，広報してきました[38,39]。IAAL認定試験の実施状況は，【資料④】として章末に掲載しましたので，どうぞご覧ください。

（3）IAAL試験マイスターの誕生

　IAAL認定試験で設定した3領域（「総合目録－図書」「総合目録－雑誌」「情報サービス－文献提供」）の知識・実務能力は，図書館サービス（間接サービスと直接サービス）の基盤であり，3領域の知識・実務能力を兼ね備えた人材が求められています。

　2015年7月，IAALは，「IAAL大学図書館業務実務能力認定試験マイスター」（略称，IAAL試験マイスター）を新設しました。IAAL試験マイスターのねらいは，IAAL認定試験の受験・合格を通じて，5種類の試験の知識・実務能力の自己研鑽と継続学習に努めた者を認定し，大学図書館業務に携わる者の自己研鑽の努力を奨励するとともに，大学図書館業務に携わる者のキャリア形成に資することです。

　IAAL試験マイスターには，ブロンズ，シルバー，ゴールドの3段階（ランク）が設けられています。IAAL試験マイスターでは，IAAL認定試験に，3種類合格した者は（ブロンズ），4種類合格した者は（シルバー），5種類合格した者は（ゴールド）を，それぞれ認定申請できます。IAAL試験マイスターの詳細は，IAALのWebページをご覧ください[40]。

3．IAAL認定試験過去問題集の活用方法

　IAAL認定試験は，大学図書館で働く専任職員と非専任職員に，大学図書館業務の実務能力に関する自己研鑽と継続学習の目標・機会を提供することを目的としています。本節では，IAAL認定試験過去問題集の活用法について，説明します。

① NACSIS-CAT/ILLを用いた
　総合目録業務・図書館相互利用業務の自己研鑽の教材

　NACSIS-CAT/ILLを用いた総合目録業務・図書館相互利用業務を担当する図書館職員は，総合目録や図書館相互利用に関する実務能力の向上を目指して，自己研鑽の教材として，この問題集を活用することができます。その際，【資料②】に掲載したIAAL認定試験の出題枠組みは，総合目録や図書館相互利用に関する重要項目を列挙したものとして，各自の知識の整理に役立ちます。

　なお，IAAL認定試験「情報サービス－文献提供」は，大学図書館職員だけでなく，高度なレファレンスサービスに携わる専門図書館職員，公共図書館職員の自己研鑽にも役立ちます。

② NACSIS-CAT/ILLを用いた総合目録業務・図書館相互利用業務の研修教材

　IAAL認定試験「総合目録－図書初級」「総合目録－雑誌初級」「情報サービス－文献提供」の試験問題（各100題）と「総合目録－図書中級」「総合目録－雑誌中級」の試験問題（各150題）は，NACSIS-CAT/ILLの実務に即した内容で構成されています。NACSIS-CAT/ILLの担当図書館職員向けの研修等を開催する際に，研修教材として活用すると同時に，研修後の実務能力の測定手段としても活用することができます。さらに，必要に応じて，

NACSIS-CAT/ILLを用いた総合目録業務，図書館相互利用業務，レファレンスサービス，等の担当者に，実際のIAAL認定試験の受験を薦めていただくことによって，担当職員の実務能力を測定することも可能になります。

③ IAAL認定試験の受験対策の教材
　IAAL認定試験「総合目録－図書初級」「総合目録－雑誌初級」「総合目録－図書中級」「総合目録－雑誌中級」「情報サービス－文献提供」の受験対策として，実際に出題された問題を解くことによって，出題形式，問題の傾向，時間配分，等を把握することができます。

④ IAAL認定試験の受験後の復習教材
　IAAL認定試験「総合目録－図書初級」「総合目録－雑誌初級」「総合目録－図書中級」「総合目録－雑誌中級」「情報サービス－文献提供」の受験者が，受験後の復習教材としてこの問題集を用いることによって，試験問題の解答を確認したり，出題された問題の理解を深めることができます。

⑤ 大学図書館職員を目指す学生・社会人の教材
　図書館情報学の履修学生や司書資格を取得中の学生・社会人の中で，大学図書館で働くことを強く希望される方は，この問題集を活用することによって，NACSIS-CAT/ILLを用いた総合目録業務，図書館相互利用業務，レファレンスサービス，等に必要な基礎知識を把握することができます[41]。

　このように，IAAL認定試験過去問題集は，多面的に活用することができます。

　IAAL認定試験「総合目録－図書初級」「総合目録－雑誌初級」では，目録や分類の詳細は出題していません。しかし，総合目録業務の担当者には，目録法や分類法の基本知識が不可欠です。目録法や分類法の詳細は，図書館法の「図書館に関する科目」の「情報資源組織論」と「情報資源組織演習」の教科書等を参照することによって，学習を深めることができます[42]。一方，IAAL認定試験「情報サービス－文献提供」では，基本的なレファレンス資料に関する知識が出題されます。レファレンス資料については，図書館法の「図書館に関する科目」の「情報サービス論」と「情報サービス演習」の教科書を参照してください[43)44]。

おわりに
　これまで，IAAL認定試験の実施の背景，IAAL認定試験の設計思想，IAAL認定試験過去問題集の活用方法について，説明してきました。IAAL認定試験の受験案内は，IAALのWebページ，『IAALニュースレター』，『図書館雑誌』(日本図書館協会)や『情報の科学と技術』(情報科学技術協会)の広告，等を通じて，随時，広報されていますので，これらの情報をご覧ください。
　1980年1月に，学術審議会の答申「今後における学術情報システムの在り方について」が

示され,この答申に基づいて,その後の文部省(現,文部科学省)の学術情報政策が推進されました。そして,1986年4月に学術情報センター（National Center for Science Information Systems：略称NACSIS）が設立され,2000年4月にはNACSISを廃止・転換して,国立情報学研究所(NII)が設置されました[45]。

今日のNIIの目録所在情報サービス(NACSIS-CAT/ILL)は,長年,NACSIS-CAT/ILLに携わられてきたNACSISとNIIの教職員によって開発・整備され,NACSIS-CAT/ILLの書誌データを作成してきた全国の大学図書館職員,等によって支えられてきました。現在,NACSIS-CAT/ILLの書誌データは,NACSIS Webcat(1997年4月1日提供開始－2013年3月8日終了)とその後継のCiNii Books（2011年11月9日提供開始)等を通じて,世界中から検索できるようになっています。学術情報を探索する際に,幅広い利用者が,書誌ユーティリティとしてのNACSIS-CAT/ILLから恩恵を受ける時代になりました。

歴代のNACSISとNIIの教職員の皆様,NACSIS-CAT/ILLの書誌データを作成する大学図書館職員の皆様方の努力の蓄積があったからこそ,IAALは,IAAL認定試験「総合目録－図書」「総合目録－雑誌」「情報サービス－文献提供」を設計・開発することができました。各種の認定試験が,社会や関連領域(業界)で一定の評価を得るには,個々の試験が10年程度継続的に実施されることが不可欠であると思います。IAAL認定試験が定着し,一定の評価を得ることができれば,大学図書館における専門職員認定制度の評価ポイントのひとつとして,活用される可能性も高まります[46)47)]。

2010年に,長谷川昭子(日本大学)と薬袋秀樹(筑波大学)の研究を通じて,検定試験制度の継続実施には,初年度に約650万円,次年度以降は毎年450万円が必要であるとの費用試算がなされました[48]。2009年以降,IAALはIAAL認定試験を年2回(春季・秋季)開催してきましたが,IAAL認定試験の運営経費を確保するために,NPO法人としてさまざまなご苦労があったのではないかと推察します。IAAL認定試験が図書館界のささやかな基盤として継続できるように,大学図書館等で働く図書館職員の皆様,大学図書館職員を目指す学生・社会人の皆様方に,IAAL認定試験に幅広くチャレンジしていただけますと幸いです。

IAAL認定試験が継続的に実施され,社会や関連領域(業界)で評価される認定試験に育つことを,IAAL認定試験の準備段階から実施までの検討に参加した者の一人として,見守って参りたいと思います。

注・引用文献

1) 高野真理子. 特集, 図書館の「応援団」：NPO法人大学図書館支援機構のミッション. 図書館雑誌. 2007.10, vol.101, no.10, p.682-683.
2) "特定非営利活動法人大学図書館支援機構定款." 特定非営利活動法人大学図書館支援機構. http://www.iaal.jp/_files/about/teikan20141209.pdf 参照は, p.[1].
3) IAALの諸活動は, 以下の文献で紹介されている. 牛崎進. 特集, 図書館業務のアウトソーシング：アウトソーシングと大学図書館論. 情報の科学と技術. 2007.7, vol.57, no.7, p.320-324. 牛崎進. 大学図書館の新たな発展をめざして：NPO法人大学図書館支援機構の発足報告(第9回図書館総合展). 薬学図書館. 2008.1, vol.53, no.1, p.40-46. 牛崎進. 特集, 大学図書館：大学図書館をつなぐ新たな試み：NPO法人「大学図書館支援機構」の活動. Lisn. 2008.9, no.137, p.14-17.
4) 竹内比呂也. "第1章 大学図書館の現状と政策." 変わりゆく大学図書館. 逸村裕, 竹内比呂也編. 勁草書房, 2005.7, p.3-18. 参照は, p.3-8.
5) 日本図書館協会図書館調査事業委員会編. 日本の図書館：統計と名簿. 2017[年版], 日本図書館協会, 2018.2, 515p. 参照は, p.230-233.
6) 佐藤翔, 逸村裕. 大学図書館における外部委託状況の量的調査. Library and Information Science. 2008.12, no.60, p.1-27. 参照は, p.4-7.
7) 野中郁次郎, 紺野登. 知識経営のすすめ：ナレッジマネジメントとその時代. 筑摩書房, 1999.12, 238p., (ちくま新書, 225). 参照は, p.104-115.
8) 図書館情報大学生涯学習教育研究センター編. すべての図書館に専門職員の資格制度を：大学, 公共, 専門, 病院図書館と司書養成の現場から. つくば, 図書館情報大学生涯学習教育研究センター, 2002.8, 62p. 参照は, p.6-11.
9) 薬袋秀樹. 特集, 図書館員の専門性向上と研修：図書館職員の研修と専門職の形成：課題と展望. 図書館雑誌. 2002.4, vol.96, no.4, p.230-233.
10) 上田修一, 根本彰. 「情報専門職の養成に向けた図書館情報学教育体制の再構築に関する総合的研究」最終報告書. 日本図書館情報学会誌. 2006.6, vol.52, no.2, p.101-128.
11) 図書館情報学検定試験については, 以下の文献で紹介されている. 根本彰. 特集, 図書館情報学教育の行方：今後の図書館員養成と検定試験構想. 図書館雑誌. 2009.4, vol.103, no.4, p.229-232. 根本彰. 図書館情報学検定試験の実施計画について. 図書館雑誌. 2009.9, vol.103, no.9, p.640-643. 根本彰, 上田修一, 小田光宏, 永田治樹共著. 図書館情報学検定試験問題集. 日本図書館協会, 2010.4, 163p. 根本彰[研究代表者]. 図書館情報学検定試験報告書. 東京大学大学院教育学研究科生涯学習基盤経営コース, 2015.3, 109p. 図書館情報学検定試験のためのテキストとして, 以下の図書が刊行されている. 根本彰編. 図書館情報学基礎. 東京大学出版会, 2013.5, viii,267p., (シリーズ図書館情報学, 第1巻). 根本彰, 岸田和明編. 情報資源の組織化と提供. 東京大学出版会, 2013.7, viii,198p., (シリーズ図書館情報学, 第2巻). 根本彰編. 情報資源の社会制度と経営. 東京大学出版会, 2013.6, viii,286p. (シリーズ図書館情報学, 第3巻).
12) 薬袋秀樹. 「司書の専門的知識の自己評価試験」の提案. 図書館雑誌. 1999.3, vol.93, no.3, p.221.
13) 科学技術・学術審議会 学術分科会 研究環境基盤部会 学術情報基盤作業部会. 学術情報基盤の今後の在り方について：報告. [文部科学省], 2006.3, 100p. この報告書は, 文部科学省のWebページで公開(http://www.mext.go.jp/b_menu/shingi/gijyutu/gijyutu4/toushin/__icsFiles/afieldfile/2013/07/16/1213896_001.pdf). 参照は, p.59.
14) 大庭一郎, 桑原智美. "国立大学の図書館職員の採用試験問題の分析：国家公務員採用Ⅱ種試験「図書館学」と国立大学法人等職員採用試験「事務系(図書)」を中心に." 2007年日本図書館情報学会春季研究集会発表要綱. 2007年日本図書館情報学会春季研究集会事務局編. つくば, 日本図書館情報学会, 2007.3, p.15-18.
15) 道路交通法. http://law.e-gov.go.jp/htmldata/S35/S35HO105.html
16) 道路交通法施行規則. http://law.e-gov.go.jp/htmldata/S35/S35F03101000060.html
17) 国家公安委員会. 交通の方法に関する教則(平成29年10月30日現在). http://www.npa.go.jp/koutsuu/kikaku/kyousoku/index.htm
18) 問題の研究：出題傾向の分析：仮免・本免・学科教習別. 平尾出版, [1990], 128p.
19) 長信一. これだけ覚える普通免許問題. 成美堂出版, 2010.2, 191p. 参照は, p.10.

20) 長信一. 一発合格！普通免許一問一答問題集. 高橋書店, 2011.7, 159p. 参照は, p.2-3.
21) 高野真理子. 大学図書館業務研修のインストラクショナル・デザイン. 大学図書館研究. 2011.3, no.91, p.15-23. 引用は, p.21.
22) NPO法人大学図書館支援機構(IAAL). 特集, 働きながら学ぶⅢ 専門図書館に役立つ資格・検定：IAAL大学図書館業務実務能力認定試験について. 専門図書館. 2013.5, no.259, p.10-14.
23) NPO法人大学図書館支援機構. IAAL大学図書館業務実務能力認定試験受験案内：総合目録－図書初級(第8回)・総合目録－雑誌中級(第1回). [2014.1], A4判1枚. http://www.iaal.jp/_files/news/140427_juken.pdf
24) 学術情報センター編. 目録情報の基準. 第4版, 学術情報センター, 1999.12, 1冊. http://catdoc.nii.ac.jp/MAN/KIJUN/kijun4.html
25) 国立情報学研究所学術基盤推進部学術コンテンツ課編. 目録システム利用マニュアル. 第6版, 国立情報学研究所学術基盤推進部学術コンテンツ課, 2011.12, 1冊. http://catdoc.nii.ac.jp/MAN/CAT6/mokuji.html
26) 国立情報学研究所学術基盤推進部学術コンテンツ課[編]. 目録システムコーディングマニュアル. 国立情報学研究所学術基盤推進部学術コンテンツ課, 2016.7, 1冊. http://catdoc.nii.ac.jp/MAN2/CM/mokuji.html
27) 国立情報学研究所. 目録システム講習会テキスト 図書編. 平成26年度, 国立情報学研究所, 2014.4, iii,142p. http://www.nii.ac.jp/hrd/ja/product/cat/text/webuip/ttxt2014.pdf
28) 国立情報学研究所. 目録システム講習会テキスト 雑誌編. 平成26年度, 国立情報学研究所, 2014.4, iii,182p. http://www.nii.ac.jp/hrd/ja/product/cat/text/webuip/ztxt2014.pdf
29) 日本図書館協会目録委員会編. 日本目録規則. 1987年版改訂3版, 日本図書館協会, 2006.6, xxii,445p.
30) Anglo-American Cataloguing Rules. 2nd ed.,2002 revision, Chicago, American Library Association, 2002, 1v.
31) 情報・システム研究機構国立情報学研究所学術基盤推進部学術コンテンツ課編. ILLシステム操作マニュアル. 第7版, 情報・システム研究機構国立情報学研究所学術基盤推進部学術コンテンツ課, 2012.3, 1冊. http://catdoc.nii.ac.jp/MAN/ILL7/index.html
32) 情報・システム研究機構国立情報学研究所学術基盤推進部学術コンテンツ課編. ILLシステム操作マニュアル：ISO ILLプロトコル対応. 第3版, 情報・システム研究機構国立情報学研究所学術基盤推進部学術コンテンツ課, 2010.12, 1冊. http://catdoc.nii.ac.jp/MAN/ISO3/index.html
33) 国立情報学研究所. NACSIS-ILLシステム講習会テキスト. 国立情報学研究所, [2012.4], iii,101p. http://www.nii.ac.jp/hrd/ja/product/ill/illtxt2012.pdf
34) NPO法人大学図書館支援機構. 「IAAL大学図書館業務実務能力認定試験」について. 図書館雑誌. 2010.2, vol.104, no.2, p.90-93.
35) IAAL認定試験問題集編集委員会編. IAAL大学図書館業務実務能力認定試験問題集. 2012年版, NPO法人大学図書館支援機構, 2012.4, iv,131p.
36) IAAL認定試験問題集編集委員会編. IAAL大学図書館業務実務能力認定試験問題集：専門的図書館員をめざす人へ. 2014年版, 樹村房, 2013.10, 161p. 2014年版の書評は, 以下の文献で紹介されている. 加藤晃一. 資料紹介. 大学の図書館. 2014.5, vol.33, no.5, p.77-79. 慈道佐代子. 書評. 図書館界. 2014.9, vol.66, no.3, p.234-235. 茂出木理子. 書評. 大学図書館研究. 2014.12, no.101, p.125-126. IAAL認定試験問題集編集委員会編. IAAL大学図書館業務実務能力認定試験問題集：専門的図書館員をめざす人へ. 2016年版, 樹村房, 2015.9, 241p.
37) 前掲21) p.22.
38) "IAALニュースレター." 特定非営利活動法人大学図書館支援機構. https://www.iaal.jp/newsletter/index.shtml IAAL認定試験の概要は, no.3, p.1-6(2009.5), no.4, p.10-11(2009.10), no.5, p.2-7(2010.3), no.6, p.2-5(2010.7), no.7, p.2-5(2010.10), no.8, p.2-7,10-11(2011.3), no.9, p.6-10(2011.10), no.10, p.6-11(2012.4), no.11, p.4-10(2012.10), no.12, p.6-10(2013.4), no.13, p.8-9(2013.10), no.14, p.2-10(2014.4), に記されている.
39) IAAL認定試験は, 以下の文献でも紹介されている. NPO法人大学図書館支援機構. 特集, 「資格認定」の取り組み－協会認定司書を位置づけていくために：「IAAL大学図書館業務実務能力認定試験」の実施状況とこれから. 図書館雑誌. 2012.10, vol.106, no.10, p.711-713. 高野真理子. 2012年度第2回研究集会報告テーマ, 図書館情報学の資格認定制度と検定試験：IAAL認定試験が目指すもの. 日本図書館協会図書館学教育部会会報. 2013.3, no.103, p.10-12. 高野真理子. 特集, 大学図書館2014：大学図書館の研修の事業化. 図書館雑誌. 2014.12, vol.108, no.12, p.806-807.
40) NPO法人大学図書館支援機構. IAAL大学図書館業務実務能力認定試験マイスター. 2015.6, A4判2枚. http://

www.iaal.jp/_files/examination/IAALMeister.pdf

41) 4年制大学で図書館情報学を専攻する学部生の中には，IAAL認定試験問題集とNACSIS-CAT/ILLセルフラーニング教材(http://www.nii.ac.jp/hrd/ja/product/cat/slcat.html)を活用して試験勉強に取り組み，在学中に「総合目録－図書初級」に合格する学生も誕生している。学部生の合格体験記は，IAALニュースレターのno.14，p.9(2014.4)に掲載。

42) 優れた教科書等の一例として，次の文献が挙げられる。田窪直規編．情報資源組織論．改訂，樹村房，2016.3，xv,201p.，(現代図書館情報学シリーズ，9)．小西和信，田窪直規編．情報資源組織演習．改訂，樹村房，2017.3，xiv,263p.，(現代図書館情報学シリーズ，10)．上田修一，蟹瀬智弘．RDA入門：目録規則の新たな展開．日本図書館協会，2014.2，x,205p.，(JLA図書館実践シリーズ，23)．宮沢厚雄．分類法キイノート：日本十進分類法[新訂10版]対応．増補第2版，樹村房，2017.2，104p．宮沢厚雄．目録法キイノート：日本目録規則[1987年版改訂3版]対応．樹村房，2016.3，104p．宮沢厚雄．検索法キイノート：図書館情報検索サービス対応．樹村房，2018.2，144p．蟹瀬智弘．NDCへの招待：図書分類の技術と実践．樹村房，2015.5，293p．蟹瀬智弘．やさしく詳しいNACSIS-CAT．樹村房，2017.8，xiii,249p．

43) レファレンス資料に関する名著として，次の文献が挙げられる。長澤雅男，石黒祐子共著．レファレンスブックス：選びかた・使いかた．新訂版，日本図書館協会，2015.1，x,242p.

44) 大庭一郎．"8章 各種情報源の特徴と利用法."情報サービス論．山﨑久道編．樹村房，2012.4，p.173-202，(現代図書館情報学シリーズ，5)．この文献では，長澤雅男の提唱した情報・文献探索の枠組みが，文献・情報探索の概念図(p.188-189)にまとめられており，「質問内容の種類」と「利用するレファレンス資料の種類」の類型を示したものとして，幅広く活用することができる。

45) 宮澤彰．図書館ネットワーク：書誌ユーティリティの世界．丸善，2002.3，vi,193p.，(情報学シリーズ，5)．参照は，p.45-51.

46) 片山俊治．特集，大学図書館2009：大学図書館における専門職員認定制度の可能性：国立大学図書館協会中国四国地区協会「図書・学術情報系専門員資格認定制度」をモデルとして．図書館雑誌．2009.11，vol.103，no.11，p.750-755.

47) 甲斐重武．2012年度第2回研究集会報告テーマ，図書館情報学の資格認定制度と検定試験：大学図書館における資格認定の試み：国立大学図書館協会中国四国地区協会「図書・学術情報系専門資格認定制度」の評価と改善．日本図書館協会図書館学教育部会会報．2013.3，no.103，p.4-6.

48) 長谷川昭子，薬袋秀樹．専門図書館職員のための認定資格制度．Library and Information Science．2010.12，no.64，p.109-133．参照は，p.117-118,133.

(URL最終確認：2018年3月14日)

資料① IAAL認定試験の試験科目一覧

　IAAL認定試験では,「総合目録－図書初級」「総合目録－雑誌初級」「総合目録－図書中級」「総合目録－雑誌中級」「情報サービス－文献提供」の5種類の試験を実施しています。各試験の概要(2018年3月現在)は,以下のとおりです。

総合目録－図書初級 総合目録－雑誌初級	出題形式 試験時間 合格基準 受験料 受験資格	正誤式のマークシート試験　100問 50分 正答率80％以上(正解80問以上) 4,000円(IAAL会員3,000円,学生2,000円) 資格制限なし
総合目録－図書中級	出題形式 試験時間 合格基準 受験料 受験資格	多肢選択式のマークシート試験　150問 90分 正答率80％以上(正解120問以上) 5,000円(IAAL会員4,000円,学生2,500円) 「総合目録－図書初級」合格者
総合目録－雑誌中級	出題形式 試験時間 合格基準 受験料 受験資格	多肢選択式のマークシート試験　150問 90分 正答率80％以上(正解120問以上) 5,000円(IAAL会員4,000円,学生2,500円) 「総合目録－雑誌初級」合格者,もしくは 「総合目録－図書中級」合格者
情報サービス－文献提供	出題形式 試験時間 合格基準 受験料 受験資格	正誤式のマークシート試験　100問 50分 正答率80％以上(正解80問以上) 5,000円(IAAL会員4,000円,学生2,500円) 資格制限なし

　2015年7月,IAALは,IAAL認定試験の受験・合格を通じて,5種類の試験の知識・実務能力の自己研鑽と継続学習に努めた者を認定し,大学図書館業務に携わる者の自己研鑽の努力を奨励するとともに,大学図書館業務に携わる者のキャリア形成に資することをねらいとして,「IAAL大学図書館業務実務能力認定試験マイスター」(略称,IAAL試験マイスター)を新設しました。IAAL試験マイスターには,以下の3段階(ランク)があり,それぞれ認定申請できます。

　　・IAAL試験マイスター(ブロンズ)　　3種類合格した者
　　・IAAL試験マイスター(シルバー)　　4種類合格した者
　　・IAAL試験マイスター(ゴールド)　　5種類合格した者

　IAAL認定試験の受験案内,および,IAAL試験マイスターの詳細は,IAALのWebページをご覧ください。

資料② IAAL認定試験の出題枠組み

　IAAL認定試験では，各試験科目に5つの「出題領域」を設け，毎回，その枠組みに基づいて問題を構成しています。「総合目録－図書初級」と「総合目録－雑誌初級」は，各領域内に「範囲」と「テーマ」を設定し，100問出題されます。「総合目録－図書中級」と「総合目録－雑誌中級」は，「目録の基礎」以外は和洋で領域が分かれ，150問出題されます。「情報サービス－文献提供」の場合は，「出題領域」と「出題区分」を設定し，両者を組合せながら100問の問題を構成しています。

　今回の問題集では，各章の問題は以下の出題枠組みに沿った内容となっています。出題枠組みは，IAAL認定試験の学習ポイント，および，NACSIS-CATに関する学習ポイントとして活用できます。各章の問題・解説を読む際に，これらの出題枠組みを念頭に置いて，本書を利用してください。

【総合目録－図書初級】

範囲	テーマ
領域Ⅰ．総合目録の概要	
NACSISの概要・目的	共同分担入力方式
	CATとILLの関係
	CiNii Books, Webcat Plus
	参加館のダウンロード利用
データベース構成	書誌ファイル
	所蔵ファイル
	典拠ファイル
	参照ファイル
	図書と雑誌
	レコードとファイル
	共有データと参加館固有データ
	データの修正と削除
リンク関係	リンクの種類
	書誌レコードと所蔵レコード
	書誌レコードと書誌レコード
	書誌レコードと著者名典拠レコード
	書誌レコードと統一書名典拠レコード
参照ファイル	参照ファイルの特性
	目録システム間リンク
規則	目録情報の基準
	コーディングマニュアル
	目録規則
	区切り記号法
	転記の原則
	情報源
検索のしくみ	インデックス検索の特徴
	漢字統合インデックス
	ストップワード，デリミタ

範囲	テーマ
領域Ⅱ．各レコードの特徴	
書誌単位・書誌構造	図書書誌レコード作成単位
	書誌構造
	出版物理単位
	バランスしない書誌構造
	固有のタイトル
著者名典拠レコード	著者名典拠の機能
	著者名典拠レコード作成単位
統一書名典拠レコード	統一書名典拠の機能
	統一書名典拠レコード作成単位
所蔵レコード	所蔵レコード作成単位
領域Ⅲ．検索の仕組み	
インデックスの切り出し	TITLEKEY
	AUTHKEY
	PUBLKEY, PUBPKEY
	AKEY
	その他のキー
	分かち書きとヨミ
検索機能	正規化
	検索キーフィールド，前方一致等
	論理積
有効な検索キー	有効な検索キーとは
	ISBNでの検索
	タイトルでの検索
	編著者での検索
	その他の検索
	書誌データから読み解く有効な検索キー
領域Ⅳ．書誌同定	
書誌同定	
領域Ⅴ．総合	
「範囲」「テーマ」を設定せず，情報源の図を用いて，目録に関する総合的な問題を出題	

【総合目録-雑誌初級】

範囲	テーマ
領域Ⅰ. 総合目録の概要	
NACSISの概要・目的	共同分担入力方式
	CATとILLの関係
	CiNii Books, Webcat Plus
	参加館のダウンロード利用
データベース構成	書誌ファイル
	所蔵ファイル
	典拠ファイル
	参照ファイル
	タイトル変遷ファイル
	図書と雑誌
	レコードとファイル
	共有データと参加館固有データ
	データの修正と削除
リンク関係	リンクの種類
	書誌レコードと所蔵レコード
	書誌レコードと著者名典拠レコード
	変遷前後誌
	タイトル変遷マップ
参照ファイル	参照ファイルの特性
	システム間リンク
規則	目録情報の基準
	コーディングマニュアル
	目録規則
	転記の原則
	区切り記号法
	情報源
検索のしくみ	インデックス検索の特徴
	漢字統合インデックス
	ストップワード，デリミタ

範囲	テーマ
領域Ⅱ. 各レコードの特徴	
書誌単位・書誌構造	雑誌書誌レコード作成単位
	タイトル変遷
	基準とする号
著者名典拠レコード	著者名典拠の機能
	著者名典拠レコード作成単位
タイトル変遷マップ	タイトル変遷マップの機能
	変遷報告
所蔵レコード	所蔵レコード作成単位
	巻レベル・号レベル
	書誌と所蔵の巻次年月次の関係
領域Ⅲ. 検索の仕組みと書誌の同定	
インデックスの切り出し	TITLEKEY
	AUTHKEY
	PUBLKEY, PUBPKEY
	AKEY
	その他のキー
	分かち書きとヨミ
検索機能	正規化
	検索キーフィールド，前方一致等
	論理積
有効な検索キー	有効な検索キーとは
	ISSNでの検索
	タイトルでの検索
	編著者での検索
	その他の検索
書誌同定	書誌同定
領域Ⅳ. 所蔵レコードの記入方法	
所蔵年次（HLYR）	
所蔵巻次（HLV）	
継続受入（CONT）	
領域Ⅴ. 総合	
「範囲」「テーマ」を設定せず，情報源の図を用いて，目録に関する総合的な問題を出題	

【総合目録 – 図書中級】

＊各領域内の項目の内容や配分は，回によって異なります。

領域Ｉ．目録の基礎

登録総論，参照ファイルからの流用入力，削除予定レコード化，書誌修正指針
書誌単位，書誌階層の意味，固有のタイトル，図書と雑誌
転記の原則・文字セット，ヨミと分かち，区切り記号
著者名典拠コントロールの意味
目録規則，情報源，入力レベル
コードブロック，記述ブロック，主題ブロック（分類，件名）
各種資料のマニュアル　など

領域Ⅱ．書誌作成・和図書

複製・原本代替資料
付属資料
更新資料
GMD/SMD
YEAR, CNTRY, REPRO
TTLL/TXTL/ORGL
VOL, ISBN, PRICE, XISBN
その他のコードフィールド
TR
ED
PUB
PHYS
VT
CW
NOTE
PTBL
AL
UTL
CLS, SH

領域Ⅳ．書誌作成・洋図書

複製・原本代替資料
付属資料
更新資料
GMD/SMD
YEAR, CNTRY, REPRO
TTLL/TXTL/ORGL
VOL, ISBN, PRICE, XISBN
その他のコードフィールド
TR
ED
PUB
PHYS
VT
CW
NOTE
PTBL
AL
UTL
CLS, SH

領域Ⅲ．総合・和図書

	流用	新規	修正
階層あり・階層なし			
出版物理単位			
複製版，非売品等々			

領域Ⅴ．総合・洋図書

（英語・独語・仏語）	流用	新規	修正
階層あり・階層なし			
出版物理単位			
複製版，非売品等々			

【総合目録-雑誌中級】

＊各領域内の項目の内容や配分は，回によって異なります。

領域Ⅰ．目録の基礎
登録総論，参照ファイルからの流用入力，削除予定レコード化
書誌単位，図書と雑誌，基準とする号，複製資料
転記の原則・文字セット，ヨミと分かち，区切り記号
著者名典拠コントロールの意味
目録規則，情報源，入力レベル
コードブロック，記述ブロック，主題ブロック
電子ジャーナル　など

領域Ⅱ．書誌作成・和雑誌
タイトル変遷
複製資料
総称的タイトル
GMD/SMD
YEAR, CNTRY, REPRO
TTLL/TXTL/ORGL
PSTAT, FREQ, REGL, TYPE
ISSN，その他のコードフィールド
TR
ED
VLYR
PUB
PHYS
VT
NOTE
FID/BHNT
AL

領域Ⅳ．書誌作成・洋雑誌
タイトル変遷
複製資料
総称的タイトル
GMD/SMD
YEAR, CNTRY, REPRO
TTLL/TXTL/ORGL
PSTAT, FREQ, REGL, TYPE
ISSN，その他のコードフィールド
TR
ED
VLYR
PUB
PHYS
VT
NOTE
FID/BHNT
AL

領域Ⅲ．総合・和雑誌	流用	新規	修正
初号あり・初号なし			
軽微な変化／書誌変遷			
復刻版，巻次変更等々			

領域Ⅴ．総合・洋雑誌（英語・独語・仏語）	流用	新規	修正
初号あり・初号なし			
軽微な変化／書誌変遷			
復刻版，巻次変更等々			

【情報サービス－文献提供】
出題領域

内容	出題対象
領域Ⅰ．文献提供総論	
文献入手の仕組み，相互貸借の理念や運用，著作権などの文献提供に関わる基礎知識	国立情報学研究所の図書館間相互利用関係法令および申合せサイト（http://www.nii.ac.jp/CAT-ILL/archive/illmanual/law.html 「大学図書館における著作権問題Q&A」等）基本辞書の使い方
領域Ⅱ．書誌事項の解釈	
文献リストから文献種別の判定や書誌事項を読み取る能力	SIST 学術論文の書き方に関する資料 『相互利用マニュアル』(NPO法人日本医学図書館協会)等
領域Ⅲ．文献探索	
文献種別に応じた入手法，文献データベースの特徴と検索手法，サーチエンジンを通じた文献入手	雑誌記事，図書・雑誌，新聞記事，学位論文，統計(主に政府刊行物)，規格，法令・判例等の各データベース，オープンアクセス，機関リポジトリの検索方法
領域Ⅳ．所蔵調査	
大学図書館およびその他国内の所蔵，海外の所蔵	NACSIS-CATの検索(『目録情報の基準』『目録システム利用マニュアル』等)，国立国会図書館の検索(NDL-OPAC,NDLサーチ，『国立国会図書館図書協力ハンドブック』)，各サイトの利用マニュアル
領域Ⅴ．ILLシステム	
NACSIS-ILLの利用に関する問題	『ILLシステム操作マニュアル』『NACSIS-ILLシステム講習会テキスト』

出題区分

問題種別		出題内容
基礎問題		最新の文献提供に関わる用語や，データベース，ILLの基礎知識
応用問題	基本辞書	レファレンス業務に必要な，基本的な辞書・事典類を活用するための知識
	図書	図書(単行書のほか，学位論文や規格，法令・判例資料なども含む)の書誌情報を読み解き，文献を的確に提供できる知識
	雑誌	雑誌(新聞なども含む)の書誌情報を読み解き，文献を的確に提供できる知識
	テーマ	特定のテーマをもとに，それに関する文献を広く探索し提供できる知識

資料③ 出典・参考教材一覧：「総合目録」・「情報サービスー文献提供」(領域Ⅴ)

「総合目録」の問題の出典は，おもに下記の資料によります。これらの資料のほとんどはインターネット上で参照することができますので，本書とあわせて適宜参照してください。

「情報サービスー文献提供」の出典については，「総合目録」のようにまとまったテキストはありませんが，資料②に出題の枠組みをまとめていますので，そちらをご覧ください。領域ⅤのILLシステムに関する出典・教材のみ，ここに掲載しています。

- ここに記したURLは2018年3月現在のものです。
- セルフラーニング教材については，国立情報学研究所の要領に従ってご利用ください。

出典・参考文献	省略形
目録情報の基準　第4版　国立情報学研究所 総合目録初級の試験では，NACSIS-CATおよび総合目録データベースの概要や知識等を問うているため，その基本的な考え方を示した『目録情報の基準』から多くの問題を出題しています。また，ヨミや分かち書きの規則なども，この『基準』を参照してください。 http://catdoc.nii.ac.jp/MAN/KIJUN/kijun4.html	基準
目録システム利用マニュアル　第6版　国立情報学研究所 具体的な検索の仕組みについて知るには，この中でも2.7検索の仕組み，付録C.インデックス作成仕様，付録D.特殊文字・記号などが参考になります。 http://catdoc.nii.ac.jp/MAN/CAT6/mokuji.html	利用マニュアル
ILLシステム操作マニュアル　第7版　国立情報学研究所 http://catdoc.nii.ac.jp/MAN/ILL7/index.html	操作マニュアル
ILLシステム操作マニュアル ISO ILLプロトコル対応 第3版 国立情報学研究所 http://catdoc.nii.ac.jp/MAN/ISO3/index.html	

出典・参考文献	省略形
目録システム講習会テキスト　図書編・雑誌編　平成26年度　国立情報学研究所	テキスト
総合目録の出題範囲の内容は，目録システム講習会のテキストにも簡潔にまとめられています。下記のサイトに公開されていますので，誰でも参照することができます。 http://www.nii.ac.jp/hrd/ja/product/cat/text_index.html	
ILLシステム講習会テキスト　国立情報学研究所	テキスト
国立情報学研究所主催のILLシステム講習会は平成24年度をもって終了しましたが，テキストは下記のサイトに公開されています。 http://www.nii.ac.jp/hrd/ja/product/cat/text_index.html	
目録システムコーディングマニュアル　国立情報学研究所	C.M.
総合目録初級は検索，同定，所蔵登録ができることを評価するものですので，コーディングマニュアルについては，0.4のみを出題の範囲としています。また，16章図書所蔵レコード，17章雑誌所蔵レコードも参考にするとよいでしょう。 総合目録中級は，『日本目録規則』『Anglo-American Cataloguing Rules』とあわせて，このコーディングマニュアルを適宜参照する必要があります。 http://catdoc.nii.ac.jp/MAN2/CM/mokuji.html	
NACSIS-CAT/ILLセルフラーニング教材　国立情報学研究所	
ILLシステム講習会の内容はすべてe-ラーニング化されています。 目録システム講習会の内容についても，順次e-ラーニング化が進められており，2015年度には講習会カリキュラムの内，書誌登録までがこのセルフラーニング教材で学習できるようになりました。NACSIS-CATに関するさまざまな知識が分かりやすくまとめられていますので，講習会に参加できなかった方，講習会参加からしばらく時間が経ってしまった方など，国立情報学研究所の利用規定に従って，この教材を利用してください。 http://www.nii.ac.jp/hrd/ja/product/cat/slcat.html	
日本目録規則　改訂3版　日本図書館協会	NCR
総合目録中級では，和資料の目録についての問題で，常に参照する必要があります。	
Angro-American Cataloguing Rules. 2nd ed., 2002 revision.	AACR2
総合目録中級では，洋資料の目録についての問題で，常に参照する必要があります。	

NACSIS-CAT/ILLに関する参考サイト

■ 国立情報学研究所　目録所在情報サービス　http://www.nii.ac.jp/CAT-ILL/
　（国立情報学研究所が運営する，目録所在情報サービスの総合的なページです。）
■ NACSIS-CAT/ILL　Q&A DB　https://cattools.nii.ac.jp/qanda/kensaku.php
　（日々の目録業務で発生する質問と回答が蓄積されています。）

資料④　IAAL認定試験の実施状況

【実施状況】

年度	開催日	開催場所	科目	回次
2009 春季	2009年 5月17日（日）	東京・名古屋	総合目録-図書初級	第1回
2009 秋季	2009年11月15日（日）	東京・大阪	総合目録-図書初級	第2回
2010 春季	2010年 5月16日（日）	東京・大阪・福岡	総合目録-図書初級	第3回
			総合目録-雑誌初級	第1回
2010 秋季	2010年11月 7日（日）	東京・大阪	総合目録-図書中級	第1回
			総合目録-雑誌初級	第2回
2011 春季	2011年 6月 5日（日）	東京・名古屋	総合目録-図書初級	第4回
			総合目録-雑誌初級	第3回
2011 秋季	2011年11月20日（日）	東京・大阪	総合目録-図書中級	第2回
			総合目録-雑誌初級	第4回
2012 春季	2012年 5月27日（日）	東京・大阪	総合目録-図書初級	第5回
			総合目録-雑誌初級	第5回
2012 秋季	2012年11月 4日（日）	東京・大阪	総合目録-図書初級	第6回
			情報サービス-文献提供	第1回
2013 春季	2013年 5月19日（日）	東京・大阪	総合目録-図書中級	第3回
			総合目録-雑誌初級	第6回
2013 秋季	2013年11月10日（日）	東京・名古屋・北九州	総合目録-図書初級	第7回
			情報サービス-文献提供	第2回
2014 春季	2014年 4月27日（日）	東京・大阪	総合目録-図書初級	第8回
			総合目録-雑誌中級	第1回
2014 秋季	2014年11月 9日（日）	東京・大阪	総合目録-図書中級	第4回
			情報サービス-文献提供	第3回
2015 春季	2015年 5月24日（日）	東京・大阪	総合目録-図書初級	第9回
			総合目録-雑誌初級	第7回
2015 秋季	2015年11月15日（日）	東京・名古屋・北九州	総合目録-図書初級	第10回
			情報サービス-文献提供	第4回
2016 春季	2016年 5月15日（日）	東京・大阪	総合目録-雑誌初級	第8回
			総合目録-図書中級	第5回
2016 秋季	2016年11月13日（日）	東京・大阪	総合目録-図書初級	第11回
			情報サービス-文献提供	第5回
2017 春季	2017年 5月28日（日）	東京・大阪	総合目録-図書初級	第12回
			総合目録-雑誌中級	第2回
2017 秋季	2017年11月 5日（日）	東京・大阪	総合目録-雑誌初級	第9回
			情報サービス-文献提供	第6回

【受験者・合格者・合格率】

科目		応募者	受験者	合格者	合格率
総合目録-図書初級	第1回	221	216	112	51.9%
	第2回	216	207	78	37.7%
	第3回	146	139	72	51.8%
	第4回	154	147	78	53.1%
	第5回	134	129	72	55.8%
	第6回	176	169	77	45.6%
	第7回	141	134	72	53.7%
	第8回	123	116	65	56.0%
	第9回	168	159	80	50.3%
	第10回	166	159	68	42.8%
	第11回	167	157	44	28.0%
	第12回	169	153	72	47.1%
	小計	1,981	1,885	890	47.2%
総合目録-雑誌初級	第1回	88	76	52	68.4%
	第2回	70	64	22	34.4%
	第3回	27	24	10	41.7%
	第4回	66	60	18	30.0%
	第5回	67	60	42	70.0%
	第6回	83	75	32	42.7%
	第7回	157	149	71	47.7%
	第8回	135	124	65	52.4%
	第9回	109	101	65	64.4%
	小計	802	733	377	51.4%
総合目録-図書中級	第1回	106	103	44	42.7%
	第2回	59	58	24	41.4%
	第3回	82	81	29	35.8%
	第4回	58	55	27	49.1%
	第5回	96	94	43	45.7%
	小計	401	391	167	42.7%
総合目録-雑誌中級	第1回	28	27	16	59.3%
	第2回	53	50	11	22.0%
	小計	81	77	27	35.0%
情報サービス-文献提供	第1回	100	97	35	36.1%
	第2回	85	83	24	28.9%
	第3回	105	103	29	28.2%
	第4回	144	141	42	29.8%
	第5回	132	121	26	21.5%
	第6回	100	93	15	16.1%
	小計	666	638	171	26.8%
	累計	3,931	3,724	1,632	43.8%

第 2 章

「情報サービス−文献提供」過去問題

IAAL 大学図書館業務実務能力認定試験

「情報サービス－文献提供」　第1回（2012年11月4日）

試　験　問　題

- 「情報サービス－文献提供」では、情報サービスの業務で必要な、文献提供についての実務能力を評価します。
- この問題冊子に収録された問題は、2012年10月1日現在の各種情報源のデータやサービス内容に準拠して、作成しています。

注意事項

1. **指示があるまで開いてはいけません。**
2. 問題は100題で、解答時間は50分です。
3. 設問の番号と解答用紙の番号は対になっています。設問に対応する解答にマークされているか、十分注意してください。
4. この試験問題は、後で回収します。切り取ったり、転記したり、持ち帰ったりしてはいけません。
5. 解答用紙は機械処理しますので、折ったり曲げたりしないでください。

「*」がついている問いは、終了もしくは変更が生じたサービスが含まれているため、2018年4月時点では問題文として成立しないものです。

NPO法人大学図書館支援機構

以下の 100 問について、正しい場合はマークシート欄の〇を、間違っている場合はマークシート欄の×をぬりつぶしてください。

I. 基礎問題

問1. DOI とはデジタルオブジェクト識別子の略で、インターネット上で個別の論文や図書、図表等を識別するために、ユニークな番号として付与されるものである。

問2. SPARC JAPAN とは、日本の学協会等が発行する学術論文誌を横断的に検索できるデータベースのことである。

問3. OPAC をはじめマルチメディアの所蔵資料、購読中の電子ジャーナル・電子書籍・データベースといった電子リソースやウェブ情報源を一括して検索するシステムをディスカバリーサービスという。

問4. OAIster は、機関リポジトリのコンテンツを検索対象としている。

問5. HathiTrust とは、アメリカの大学図書館等が共同で運営しているデジタルライブラリーで、図書だけでなく雑誌も含んでいる。

問6. Europeana とは、フランス国立図書館が運営する電子図書館の名称である。

問7. Google Schalor とは、学術専門誌、論文、書籍、要約など、さまざまな分野の学術資料の検索に特化したサーチエンジンである。

＊問8. Scirus が検索対象とする情報には、特許情報も含まれている。

問9. NII-REO に搭載された各出版社の電子ジャーナル等のコンテンツは、誰でも無料で横断検索と本文の閲覧ができる。

問10. CiNii Books では、検索結果から直接、図書館間相互利用サービスや来館利用サービスの申込みを行うことができる。

＊問11. NACSIS-CAT の書誌・所蔵レコードが更新されると、CiNii Books、Webcat Plus および Webcat にも即時に反映される。

＊問12. NACSIS Webcat では 2011 年度末までに登録された NACSIS-CAT の書誌・所蔵レコード情報を検索することができるが、最新のデータまで検索できるのは Webcat Plus あるいは CiNii Books である。

＊問13. 国立国会図書館電子アーカイブポータル PORTA は、国立国会図書館サーチに統合された。

問14. 国立国会図書館サーチには、国立国会図書館では所蔵していない資料も検索対象に含まれている。

＊問15. 国会会議録は国立国会図書館蔵書検索・申込システム（NDL-OPAC）では検索できない。

＊問16. 国立国会図書館蔵書検索・申込システム（NDL-OPAC）を利用するには、利用者登録をしていないと検索機能も利用できない。

問17. 国立国会図書館には「東京本館」「関西館」「国際子ども図書館」があり、各館の所蔵資料はその館でしか閲覧することができない。

問18. 国立国会図書館から複写サービスを受けている大学図書館であれば、現物貸借のサービスも受けることができる。

問19. ISO 規格は、経済産業省のサイト上で、全て無料公開されている。

問20. 最高裁判所のサイトでは、最高裁判所及び高等裁判所の裁判例が全て検索・閲覧できるようになっている。

問21. OCLC WorldCat で日本語の資料を検索した場合、検索結果のタイトルはかな・漢字表記で表示されない。

問22. BLDSC(British Library Document Supply Center)の所蔵は、Explore the British Library で検索できる。

問23. NACSIS-ILL の書誌検索において、タイトルに「学問のすすめ」と入力した場合と、「學問ノススメ」と入力した場合の検索結果は同じである。

問24. NACSIS-ILL では、総合目録データベースに登録された最新の書誌・所蔵データを検索することができる。

問25. NACSIS-ILL において、借用中（BORROW）の資料に対して更新請求（RENEW）を行うと、レコードは新着照会の状態に遷移する。

問26. NACSIS-ILL で受付けしたレコードの書誌情報に不備がある時は、謝絶（PARDON）をせず、照会（INQUIRE）により依頼館に内容を問い合わせた方がよい。

問27. NACSIS-ILL の所蔵検索では、私費を受け付ける館を指定することができる。

問28. NACISIS-ILL の所蔵検索では、FAX 送信の可否を指定することができる。

＊問29. NACSIS-ILL のグローバル ILL を利用して米国へ依頼した文献の複写料金は、相殺システムによって処理される。

問30. 海外の図書館との ILL サービスにおける料金支払に IFLA バウチャーを使うことがあり、日本では日本図書館協会から購入することができる。

II. 応用問題

(1)応用問題（基本辞書）

問31. 『補訂版 国書総目録』とは、『古典籍総合目録』を増補した総合目録で、わが国の古典籍の所蔵情報を網羅的に収録している。

問32. 『国書総目録』は、江戸期の活字本（版本）を探すには有効だが、写本は収録していないので、写本を探すには各図書館の目録を調査する必要がある。

問33. 小学館の『日本国語大辞典』は、JapanKnowledge で検索することができる。

問34. 言葉の由来や用法の変遷について調べるために、小学館の『日本国語大辞典』第二版を使うのは有効である。

問35. 1910年のノーベル物理学賞受賞者を調べるときは、『理科年表』を使うのが有効である。

問36. 『理科年表』には、春分の日（国民の休日）などの暦の情報が含まれている。

問37. 「沖縄県宮古島市城辺保良」の読みを調べるときは、冊子体では『角川日本地名大辞典』を使うのが有効である。

問38. 地名の読みを調べるときは、『ゼンリン住宅地図』を使うのが有効である。

問39. 「マーシャル・マクルーハン」の原綴を調べるときは、『岩波西洋人名辞典』を使うのが有効である。

問40. 著作権者の情報を調べるためのツールとして、『著作権台帳：文化人名録』が毎年刊行されている。

(2)応用問題(総合)

● 次の資料について、以下の問いに答えなさい。

> 岡伸一. 社会保障ハンドブック. 第4版, 学文社, 2012, 211p.

問41. この文献は、『社会保障ハンドブック』という図書の第4版である。

問42. この資料の著者が「岡伸一」1名である場合、図書館における複写が行えるのは各章の半分以下までである。

問43. この資料について、大学図書館等での所在を調べるときに、CiNii Booksを利用するのは有効である。

問44. この資料を NACSIS-ILL で書誌検索する場合、タイトルの検索キーとして「社会保障」は正しい検索キーである。

問45. 国立国会図書館サーチでこの資料を検索したところ、図1のような検索結果となった。この資料は、図1の（A）に該当すると考えられる。

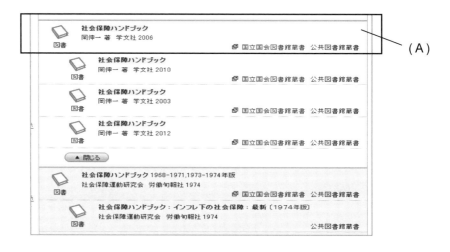

図1

● 次の資料について、以下の問いに答えなさい。

> 野口和雄．景観法の活用と自治体のジレンマ．地方自治職員研修．
> 2005, vol. 38, no. 5, p. 18-32．

問46．この文献は、雑誌論文であり、発行から相当期間が経過しているとみなして、相互貸借による複写提供が可能と判断できる。

問47．この文献を複写依頼する前に、書誌事項が正しいかを確認するために、CiNii Articles を利用するのは有効である。

問48．NACSIS-ILL で書誌検索したところ、次の書誌レコード（1）がヒットした。この文献の複写依頼対象となるのは、この書誌レコードと考えてよい。

```
TR: 月刊地方自治職員研修 / 公職研 [編] || ゲッカン チホウ ジチ ショクイン ケンシュウ
VLYR: 33 巻, no. 1 (2000.1)- = 通巻 447 号 (2000.1)-
PUB: 東京 : 公職研 , 2000-
VT: ST：地方自治職員研修 || チホウ ジチ ショクイン ケンシュウ
FID:41112900
BHNT: CF：地方自治職員研修 / 全国自治研修協会 [編] <AN00058766>
AL: 公職研 || コウショクケン < >
```

書誌レコード（1）

問49．この資料を NACSIS-ILL で複写依頼をするときに、所蔵巻号で絞り込む場合は所蔵巻次（HLV）フィールドに「38(5)」と入力する。

問50．利用者から、さらにこの雑誌の 20 巻に連載されていた記事を閲覧したいとの申し出があり、NACSIS-ILL で書誌レコード（1）の所蔵館について検索したところ 20 巻を所蔵している館は無かった。この調査方法は、適切である。

● 次の資料について、以下の問いに答えなさい。

> Harrison, B. R. "Risks of handling cytotoxic drugs". The Chemotherapy Source Book. 3rd ed., Lippincott Williams & Wilkins, 2001, p. 566-580.

問51. この文献の著者は、Lippincott Williams である。

＊問52. この資料を他大学から図書館間相互貸借で借りるときに、国立国会図書館蔵書検索・申込システム（NDL-OPAC）を使うのは有効である。

問53. 他大学から相互貸借で借りた図書を、貸借依頼側の図書館で複写利用することは「図書館間協力における現物貸借で借り受けた図書の複製に関するガイドライン」の範囲において認められる。

問54. この資料を NACSIS-ILL で書誌検索する場合、タイトルの検索キーとして「Risks of handling cytotoxic drugs」は正しい検索キーである。

問55. この資料を NACSIS-ILL で文献複写を依頼する際に、カラー図表についてカラーコピーを希望する場合は、ILL レコードのコメント欄(CMMNT)に記入する。

● 次の資料について、以下の問いに答えなさい。

> 「オランダ総選挙右翼政党惨敗 欧州極右のもろさ露呈」『朝日新聞』
> （朝日新聞社、2003年1月24日付朝刊）

＊問56. この記事の書誌事項を確認するために、国立国会図書館蔵書検索・申込システム（NDL·OPAC）で「オランダ総選挙右翼政党惨敗」とタイトル検索するのは有効である。

問57. この記事を検索する場合、CiNii Articles のタイトル検索では求める記事がヒットしない。

＊問58. 日経テレコン21には、『朝日新聞』の記事データベースも収録されている。

＊問59. この記事が署名入りの記事の場合は、朝日新聞記事データベースで本文を閲覧できない場合がある。

● 次の資料について、以下の問いに答えなさい。

> Frenkel, D.; Smit, B. Understanding Molecular Simulation: From Algorithms to Applications. 2nd ed., Academic Press, 2002, 664p.

問60. この文献は、著者は「Frenkel, D.」と「Smit, B」であり、「Understanding Molecular Simulation: From Algorithms to Applications」という論題の雑誌記事である。

問61. この資料について、大学図書館等での所在を調べるときに、Web of Science を利用するのは有効である。

問62. OCLC の WorldCat で「Understanding Molecular Simulation: From Algorithms to Applications」を検索キーに簡易検索した結果、690 件がヒットした。図2のフォーマットにある項目を選択することで、検索結果を絞り込むことができる。

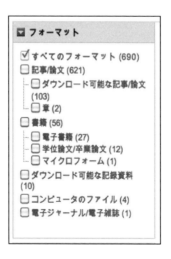

図2

*問63. この資料が Library of Congress(アメリカ議会図書館) で所蔵されていることが確認できた場合、文献複写は NACSIS のグローバル ILL から申込むことができる。

問64. 図3のとおり、CiNii Books の検索結果画面から「カーリル」の検索へ移ることができるが、両者の検索結果は必ずしも同一のものではない。

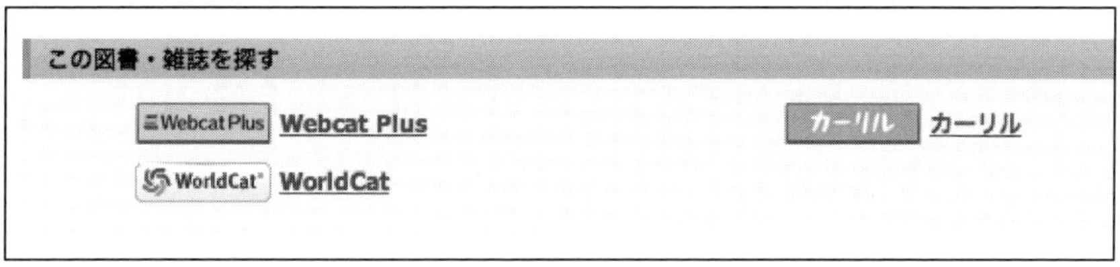

図3

● 次の資料について、以下の問いに答えなさい。

> 有島武郎の『一房の葡萄』は、1920 年(大正 9 年)8 月 1 日発行の『赤い鳥』第五巻第二號に発表され...

問65. この一節にある『赤い鳥』は、図書と考えるのが妥当である。

問66. 同時代の『赤い鳥』に掲載された文献を調べるために、CiNii Articles を利用するのは有効である。

問67. 『赤い鳥』を所蔵している大学図書館等を調べるために、CiNii Books を利用するのは有効である。

問68. 有島武郎の他の著作が『赤い鳥』に掲載されているかどうかを調べるに、書誌レコード（2）の資料にあたるのがよい。

```
GMD:  SMD:  YEAR: 1979  CNTRY: ja  TTLL: jpn  TXTL: jpn  ORGL:
ISSN:  NBN:  LCCN:  NDLCN:
REPRO:  GPON:  OTHN:
VOL:  ISBN:  PRICE: 4200 円  XISBN:

TR: 赤い鳥||アカイ　トリ
ED: 復刻版
PUB: 東京 ： 日本近代文学館 , 1979.7
PHYS: iii, 115p ; 23cm
NOTE: 別冊付録: 赤い鳥復刻版解説・執筆者索引(16p ; 20cm)
AL: 日本近代文学館
```

書誌レコード（2）

● 次の資料について、以下の問いに答えなさい。

> Deng, S., Warren, R. "Creep properties of single crystal oxides evaluated by a Larson-Miller procedure." J. Eur. Ceram. Soc. 1995, 15(6), p. 513-520.

問69. この文献の書誌事項を確認するために利用するデータベースは、「SCOPUS」よりも「PubMed」の方が適している。

問70. この資料を NACSIS-ILL で書誌検索する場合、タイトルの検索キーとして「J* Eur* Ceram* Soc*」は正しい検索キーである。

問71. この資料について Library of Congress Online Catalog を検索したところ、次の書誌レコード（3）がヒットした。この文献が収録されているのは、この書誌と考えてよい。

```
LC control no.: 97657497
LCCN permalink: http://lccn.loc.gov/97657497
Type of material: Serial (Periodical, Newspaper, etc.)
Main title: Journal of the European Ceramic Society.
Published/Created: Barking, Essex, England : Elsevier Science Publishers, c1989-
Publication history: Vol. 5, no. 1-
Description: v. : ill. ; 30 cm.
Current frequency: 16 issues yearly, <1997- >
Former frequency: Six issues yearly, 1989-
ISSN: 0955-2219
Linking ISSN: 0955-2219
Continues: International journal of high technology ceramics 0267-3762 (DLC)sn 86017407 (OCoLC)13385308   (B)
Variant title: ECS <2010->
Serial key title: Journal of the European Ceramic Society
Abbreviated title: J. Eur. Ceram. Soc.
```

書誌レコード（3）

問72. 書誌レコード（3）の下線（B）は、この雑誌が誌名変遷して、継続後誌のタイトルが"International journal of high technology ceramics"であることを示している。

＊問73. この資料が OCLC 加盟館の図書館で所蔵されていることが分かった場合、その図書館が GIF に加盟していれば、NACSIS のグローバル ILL から複写依頼が可能である。

● 次の資料について、以下の問いに答えなさい。

> 小泉智史. 走行車両の時制階層型環境危険度推論システムに関する研究. 東京工業大学, 2000, 博士論文.

問74. この資料の所在を調べるために、東京工業大学のOPACや機関リポジトリ、国立国会図書館サーチを検索するのは有効である。

問75. この資料をNACSIS-ILLで書誌検索する場合、タイトルの検索キーとして「時制階層型環境危険度*」は正しい検索キーである。

*問76. 国立国会図書館・国立情報学研究所が提供する「博士論文書誌データベース」は、大学等に所蔵されている博士論文及び修士論文を検索することができる。

問77. 図書館における修士論文の複写については、「公表された著作物」として、全体の半分以下であれば著者の許諾がなくても複写することができる。

*問78. 国立国会図書館サーチで、著者名の検索キーを「小泉智史」として検索した結果、図4のような結果となった。この検索結果にある資料（C）についても、国立国会図書館の蔵書検索・申込システムから入手することができる。

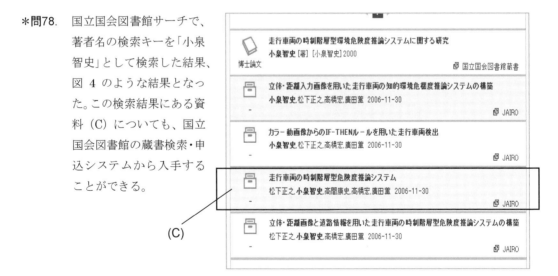

図4

● 次の資料について、以下の問いに答えなさい。

> 鵜飼保雄. "遺伝率の相対性". 量的形質の遺伝解析. 医学出版, 2002, p. 109-110.

問79. この文献は、『量的形質の遺伝解析』という図書の 109 ページから 110 ページに掲載されている「遺伝率の相対性」という箇所である。

問80. この資料の書誌事項を確認するために、国立国会図書館が作成する雑誌記事索引を検索するのは有効である。

問81. この資料を NACSIS-ILL で書誌検索する場合、タイトルの検索キーとして「量的形質　遺伝解析」は正しい検索キーである。

問82. この資料を国立国会図書館が所蔵している場合は、NACSIS-ILL から複写依頼することができる。

問83. 大学図書館においてこの資料を他大学図書館へ複写依頼する場合は、自館で所蔵していないことを確認のうえ申し込まなくてはならない。

● 次の資料について、以下の問いに答えなさい。

> 藤江 京子 , 山崎 正博 , 大須賀 美恵子 [他] . 身体的負担の小さい
> クリーナの開発. 人間生活工学. 1(2), 30-37, 2000-10

問84. この文献は、『人間生活工学』という雑誌の 1 巻 2 号 p.30-37 に収録されている雑誌記事である。

＊問85. この文献の書誌事項を確認するために利用するデータベースは、「SciFinder」よりも「JDreamII」の「JSTPlus」の方が適している。

問86. この資料を NACSIS-ILL で書誌検索する場合、著者名の検索キーとして「藤江京子*」は正しい検索キーである。

問87. この資料を NACSIS-ILL で検索したところ、所蔵館が複数あった。このうち、所蔵巻次（HLV）フィールドに「1( )」とある所蔵館と、「1」とある所蔵館では、前者に依頼した方が適切である。

問88. NACSIS-ILL で、他大学図書館からこの資料の複写物を取り寄せた。依頼した大学図書館の利用者が、提供を受けた複写物を更に複製することは「大学図書館間協力における資料複製に関する合意書」で禁止されている。

● 次の資料について、以下の問いに答えなさい。

> 最（三小）判平 15・9・7 民集 57 巻 9 号 755 頁

問89. この文献の所在を調べるために、CiNii Articles で論文名の検索キーを「最* 三小*」とするのは有効である。

問90. この文献は、平成 15 年 9 月 7 日に刊行された「最（三小）判」という資料の、57 巻 9 号 755 頁に掲載されていることを示している。

● 次の文献探索について、以下の問いに答えなさい。

> Shakespeare の「Tempest」の翻訳および「Tempest」についての論文を探している。

問91. 日本語と英語の資料を探すときは、「Tempest」と「テンペスト」「あらし」「嵐」等の論理和（OR）による検索を行うと検索漏れが少ない。

問92. NACSIS-ILL で「Tempest」の翻訳書を書誌検索するときは、タイトルに「テンペスト」を入れて検索すると「嵐」と訳された資料もヒットする。

問93. NACSIS-ILL の書誌検索で、タイトルに「Tempest」と入力し、かつ著者名に「Shakespeare」と入力した場合と「シェイクスピア」と入力した場合は、検索結果は同じである。

＊問94. 『翻訳図書目録』1945〜2010 および『翻訳図書目録. 明治・大正・昭和戦前期』（日外アソシエーツ）で原著者から翻訳図書を調べることができる。

問95. CiNii Articles で「Tempest」についての論文を検索するときは、件名に「Shakespeare Tempest」を入れて検索するとよい。

● 次の文献探索について、以下の問いに答えなさい。

> 「ストレス」に関する文献収集を行うことになった。

問96. このテーマについて医学生物学的観点から研究した学術論文を調査するとき、「EMBASE」を検索するのは有効である。

問97. CiNii Books では、詳細検索に件名フィールドがあるので、ここに「ストレス」と入れて検索すると、ストレスに関する図書で書名にストレスを含まないものも検索できる。

問98. このテーマについて国立国会図書館サーチを使って検索するとき、詳細検索でタイトルフィールドに「／ストレス／」と入力して検索すると、「ストレス」という書名の完全一致検索が可能である。

問99. PubMed で検索した結果、図5の論文がヒットした。下線（D）は、67が巻(Vol)、(2)が号(no)、373-83がページということを表している。

```
☐  [Behavioral therapy for obesity].
3. Yoshimatsu H.
   Nihon Rinsho. 2009 Feb;67(2):373-83. Japanese.
   PMID: 19202915 [PubMed - indexed for MEDLINE]      (D)
   Related citations
```

図5

問100. 図5の雑誌を NACSIS-ILL で書誌検索する場合、タイトルの検索キーとして「Nihon Rinsho」は正しい検索キーである。

(終)

IAAL 大学図書館業務実務能力認定試験

「情報サービス－文献提供」　第2回（2013年11月10日）

試　験　問　題

- 「情報サービス－文献提供」では、情報サービスの業務で必要な、文献提供についての実務能力を評価します。
- この問題冊子に収録された問題は、2013年10月1日現在の各種情報源のデータやサービス内容に準拠して、作成しています。

注意事項

1. **指示があるまで開いてはいけません。**
2. 問題は100題で、解答時間は50分です。
3. 設問の番号と解答用紙の番号は対になっています。設問に対応する解答にマークされているか、十分注意してください。
4. この試験問題は、後で回収します。切り取ったり、転記したり、持ち帰ったりしてはいけません。
5. 解答用紙は機械処理しますので、折ったり曲げたりしないでください。

「*」がついている問いは、終了もしくは変更が生じたサービスが含まれているため、2018年4月時点では問題文として成立しないものです。
「**」がついている問いは、状況の変化で正解が変わったもので、100問の後に注記を記載してあります。解答編には問題作成時点での正解が記載されています。

NPO法人大学図書館支援機構

以下の 100 問について、正しい場合はマークシート欄の〇を、間違っている場合はマークシート欄の×をぬりつぶしてください。

I. 基礎問題

問1. CrossRef とは、図書館の電子資源をシンプルなインターフェイスから検索できる、ディスカバリーサービスの一つである。

問2. CODEN とは、主に自然科学系の定期刊行物に付与されるアルファベット 5～6 文字からなる識別コードである。

問3. 青空文庫は、主に著作権の消滅した作品を公開しているインターネット上の電子図書館であるが、著作権が消滅していない作品も含まれている。

問4. 官報情報検索サービスで検索できるのは『官報』の本紙のみで、号外や政府調達公告版などは検索できない。

問5. 法改正により本年度から開始された国立国会図書館のオンライン資料収集制度の愛称は「eデポ」という。

問6. 著作権の原則的保護期間は、日本では著作者の死後 50 年だが、アメリカ、イギリス、フランスなどでは死後 70 年である。

問7. クリエイティブコモンズ（CC）は、インターネット時代の新しい著作権ルールで、特定のライセンスマークがあれば、一定の条件下で作品を自由に利用できる。

問8. インパクトファクターとは引用文献影響率を示す数値で、その雑誌の主題分野における影響率と反比例する。

問9. レファレンス協同データベースとは、国立情報学研究所と参加館が共同で運用する、レファレンス事例を検索できるデータベースである。

問10. Resource Description and Access（RDA）は『AACR2』に代わる目録規則のことで、MARC21 フォーマットでの書誌記述方法を規定したものである。

問11. 商業出版ルートにのらない、一般に入手やアクセスが困難な資料を灰色文献という。

問12. HathiTrust とは、パートナーの大学が協力して構築するデジタル図書館で、コンテンツの中身には Google Books、Internet Archive、Microsoft 等でデジタル化されたものも含んでいる。

問13. 国立国会図書館は、OCLCとの間でVIAF : Virtual International Authority File（バーチャル国際典拠ファイル）参加についての協定を締結し、典拠レコードを共有することが可能になった。

問14. JAIRO Cloud とは、国立情報学研究所によって開発された機関リポジトリソフトウェア WEKO をベースに構築された、共用リポジトリのシステム環境を提供するサービスである。

問15. NACSIS-CATに登録されている全雑誌の論文情報が、CiNii Articlesで提供されている。

＊問16. 国立国会図書館蔵書検索・申込システム（NDL-OPAC）では、利用者登録を行うとログイン ID を取得することができ、それにより遠隔複写サービスなどをNDL-OPAC から申し込むことができるようになる。

問17. 国立国会図書館サーチの検索対象は現在のところ、国立国会図書館の所蔵資料と各都道府県立図書館の所蔵資料である。

＊問18. 国立国会図書館の所蔵資料でデジタル化された資料のうち、著作権処理を行いインターネット上での提供が可能となった資料が、近代デジタルライブラリーで提供されている。

問19. 大宅壮一文庫は、大宅壮一氏の旧蔵書を基礎にした専門図書館で、主な資料はジャーナリズムに関する専門図書や学術書である。

問20. 全國漢籍データベースは、主要な大学図書館・公共図書館等が所蔵する漢籍を検索できるデータベースで、京都大学人文科学研究所が管理・運営している。

問21. 医学文献のデータベース PubMed では、各論文に MeSH（Medical Subject Headings：医学件名標目表）に基づく統制語が付与されている。

問22. 韓国では、韓国国立デジタル図書館 "dibrary" が設立され、建物を持たない電子図書館として、デジタル資料の収集・提供が行われている。

問23. World Digital Library は UNESCO と米国議会図書館（Library of Congress）が運営する国際的な電子図書館プロジェクトで、各国の図書館等が提供するデジタルコンテンツを閲覧することができる。

問24. Gallica（ガリカ）は英国図書館（British Library）が設立した電子図書館で、英国図書館所蔵資料のうちデジタル化された資料を閲覧することができる。

問25. NACSIS-ILL システムを利用して依頼ができる資料は、書誌・所蔵レコードが NACSIS-CAT に登録されているものに限られている。

問26. NACSIS-ILL のレンディングポリシーに変更が生じた場合には、国立情報学研究所に修正を依頼するのではなく、各参加館で「参加組織レコード」の記入内容を修正する。

問27. NACSIS-ILL で依頼館が依頼を取り下げる（CANCEL）際に、もし ILL レコードが受付館側ですでに処理中の状態になっていたら、電話等の方法でレコードを未処理の状態に戻してもらわなければならない。

問28. NACSIS-ILL では、一度 CANCEL をしたレコードは、NACSIS-ILL システム上から削除される。

問29. NACSIS-ILLの文献複写等料金相殺サービスでは、現物貸借の料金は相殺されない。

問30. 図書館として英国図書館(British Library)のDocument Supply Service(BLDSS)に文献複写あるいは現物貸借を依頼する場合は、Customer Codeを登録する必要がある。

II. 応用問題

(1)応用問題（基本辞書）

問31. 『日本の参考図書』は、図書館情報学や科学技術情報に関する用語や人名・団体名を厳選し、それらを解説したものである。

問32. 中国の古典から現代にいたるまでの、文学を主として、思想・言語・音韻・文字・目録・書画・宗教・天文・暦数・歴史・地理・音楽等の諸学について調べるには『中国文芸大辞典』を使うのが有効である。

問33. 『全国各種団体名鑑』は、多分野の各種団体を対象にした団体名鑑であり、公益法人や非営利団体、法人格を持たない任意団体なども広く含まれている。

問34. 東洋経済新報社が発行する『会社四季報』は、日本国内の上場企業に関する企業データを収録したものである。

問35. 『日本歴史地名大系』は各都道府県別に編纂された地名辞典であり、現在の行政地名だけではなく歴史的な地名を確認することができる。

問36. 総務省統計局による『日本統計年鑑』は、日本の国土や人口、経済などあらゆる分野にわたる基本的な統計を収録したもので、現在は総務省のサイト上で公開されているウェブ版のみの刊行となっている。

問37. 英語の語源や、年代による用例を調べるには『Oxford English Dictionary』（略称：OED）を使うのが有効である。

問38. 冊子体の『Oxford English Dictionary』（略称：OED）は、本体と索引の2冊セットで刊行されている。

問39. 『Who's who』は、定期的に刊行される物故者人名録のことで、その期間に亡くなった物故者を確認するのに有効である。

問40. 『人物レファレンス事典　架空・伝承編』は、例えば「銭形平次」や「長谷川平蔵」など架空の人物について調べたいときに有効である。

(2)応用問題(総合)

● 次の資料について、以下の問いに答えなさい。

> アントネッラ・アンニョリ著. 知の広場:図書館と自由. 萱野有美訳. みすず書房, 2011, 251p.

＊問41. CiNii Booksや国立国会図書館蔵書検索・申込システム（NDL-OPAC）でこの資料の原本を探す場合、「アントネッラ・アンニョリ」をキーワードに検索をするのは有効な方法である。

＊問42. CiNii Booksや国立国会図書館蔵書検索・申込システム（NDL-OPAC）で著者の原綴（Antonella Agnoli）で検索した場合、この資料（日本語翻訳本）は検索することができない。

＊問43. この原本を国立国会図書館で所蔵していることが国立国会図書館蔵書検索・申込システム（NDL-OPAC）から分かった（図1）。この画面の「マイリストに追加」をクリックすると、貸借依頼ができる。

＊問44. 図1の画面の「書　よむ！さがす！」をクリックすると、その資料の本文や他機関の所蔵情報などを、さまざまなデータベースで検索することができる。

問45. 図1の画面の、形態/付属資料の欄の「ill.」は、illustration（挿図）があることを意味している。

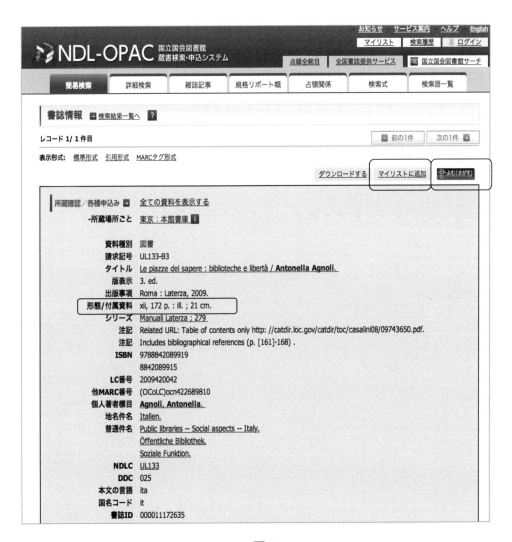

図1

● 次の資料について、以下の問いに答えなさい。

> Ariff Bongso; Eng Hin Lee. Stem cells : from bench to bedside. 2nd ed., World Scientific, 2011, 668p.

問46. この資料は World Scientific という出版者から発行された、「Stem cells」というタイトルの図書の第2版である。

問47. この資料を NACSIS-ILL で書誌検索する場合、タイトルの検索キーとして「stem cells 2nd ed」は正しい検索キーである。

問48. この資料を NACSIS-ILL で現物貸借できるかどうかを確認するには、所蔵館の所蔵レコードを見ればよい。

＊問49. この資料について、国内に所蔵館がなく、北米日本研究資料調整協議会（NCC）の加盟館で所蔵していることが分かった。この場合、NACSIS-ILL のグローバル ILL からの複写依頼が可能である。

● 次の資料について、以下の問いに答えなさい。

> 貫戸朋子．"NGO が世界を変える"．「国境なき医師団」が行く．ウェイツ, 2003, p. 97-134., (That's Japan, 008)

問50. この資料は、「NGO が世界を変える」というタイトルの図書である。

問51. この資料を NACSIS-ILL で書誌検索する場合、タイトルの検索キーとして「NGO*　Japan」は正しい検索キーである。

問52. CiNii Books の「著者検索」のタブの検索画面から著者検索を行い、検索結果として表示されるものは、当該著者の著者名典拠でコントロールされている資料のみである。

問53. 図2は、CiNii Books でこの資料を検索した結果の所蔵館一覧である。この画面でアクティブな「OPAC」ボタンを押すと、検索結果を引き継いだまま当該図書館のOPAC へ移行するため、各 OPAC で再検索をする必要がない。

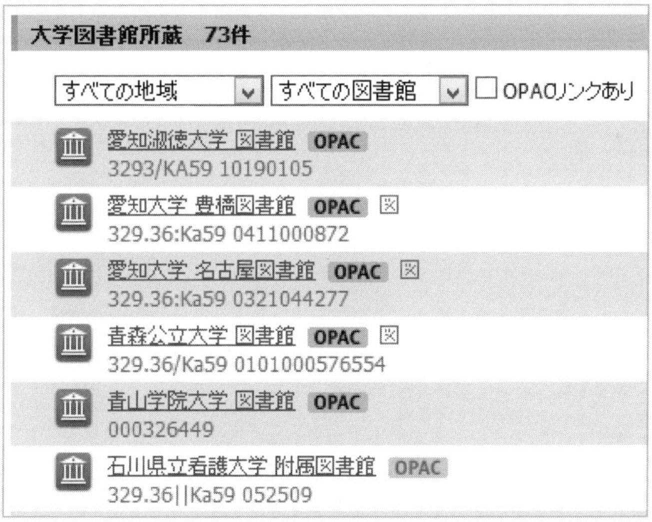

図2

問54. 図3はCiNii Booksでこの資料を検索した結果の、「この図書・雑誌を探す」欄である。この欄にある「国立国会図書館サーチ」のボタンは、当該図書が日本語（言語コードがjpn）の資料のみに表示されるようになっている。

図3

● 次の資料について、以下の問いに答えなさい。

> Bechtler, T.W. "American legal realism revaluated". Law in a social context : liber amicorum honouring Professor Lon L. Fuller., Kluwer, 1978, p. 71-93.

問55. この資料の編著者は、Professor Lon L. Fuller である。

問56. この資料について、海外の大学図書館の所蔵状況を調べる場合、米国議会図書館（Library of Congress）の目録を検索するのは有効である。

問57. この資料を国内の大学図書館から NACSIS-ILL で取り寄せる際、海外で発行された図書なので、貸借費用を IFLA バウチャーで支払うことができる。

問58. この資料の上記の箇所について、複写取り寄せをしてほしいと利用者から申し込みがあった。書誌を確認したところ、各章ごとに別の著者がおり、総ページ数は 510 ページあることが分かった。この場合、指定のページは全体の半分を超えないページ数なので問題なく複写取り寄せを行うことができる。

**問59. この資料を CiNii Books で検索したところ、書誌詳細表示画面に表紙の画像と Google Books へのリンクが表示されていた（図4）。このリンクが表示されている場合、当該資料の全ページを Google Books から入手することができる。

図4

● 次の資料について、以下の問いに答えなさい。

> 宮本稔也, 權娟大, 宮崎智. 生活習慣病に関連した遺伝子オントロジーの構築. 情報知識学会誌. 2012, 22(2), p. 156-161.

問60. この資料は雑誌論文であり、論文著者は3名である。

問61. この資料の書誌事項を確認するために、CiNii Books で「生活習慣病＊」で検索するのは有効である。

問62. この資料を NACSIS-ILL で複写依頼をする時に、所蔵巻号で絞り込む場合には所蔵年次（HLYR）フィールドに「22(2)」と入力する。

問63. この資料の書誌レコードには図5の変遷マップがリンクされていた。この変遷マップは「情報知識学会研究報告会講演論文集」という雑誌は、2003年まで発行され、以降は「情報知識学会誌」となったということを意味する。

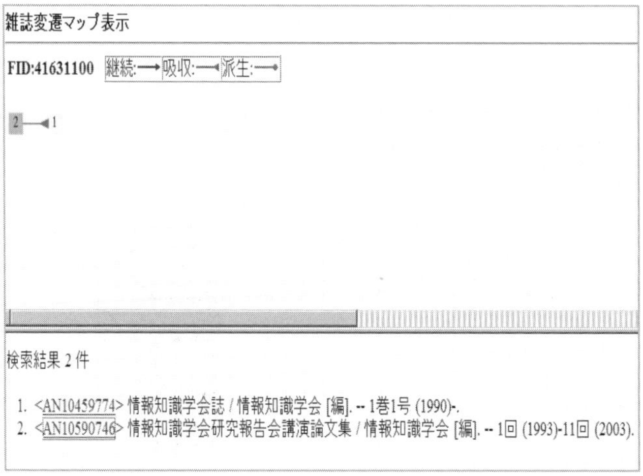

```
雑誌変遷マップ表示
FID:41631100  継続:→ 吸収:→ 派生:→

  2 ◀ 1


検索結果 2件

1. <AN10459774> 情報知識学会誌 / 情報知識学会 [編]. -- 1巻1号 (1990)-.
2. <AN10590746> 情報知識学会研究報告会講演論文集 / 情報知識学会 [編]. -- 1回 (1993)-11回 (2003).
```

図5

● 次の資料について、以下の問いに答えなさい。

> Daniel Howison, Bernard Bentley. "The North-West Morris : A General Survey" J. of the Eng. Folk Dance and Song Soc. 1960, 9(1), p. 42-55.

問64. この資料の著者は、Daniel Howison, Bernard Bentley であり、これは OPAC（蔵書目録）を検索する際、有効な検索キーになりえる。

問65. CiNii Books でタイトル検索をする際、「J. of the Eng. Folk Dance and Song Soc.」のような略タイトルでも常に検索が可能である。

問66. この資料を NACSIS-ILL で書誌検索する場合、タイトルの検索キーとして「eng* folk dance song soc*」は正しい検索キーである。

問67. この資料を NACSIS-ILL で検索したところ、所蔵館が 2 件あった。このうち、所蔵巻次（HLV）フィールドに「9(2-5)」とある所蔵館と、「1-9」とある所蔵館では、前者に依頼した方が適切である。

問68. 図 6 の Google Scholar の検索結果にある「JSTOR」は、学術雑誌バックナンバーの電子化アーカイブである JSTOR に収録されている文献であることを示している。

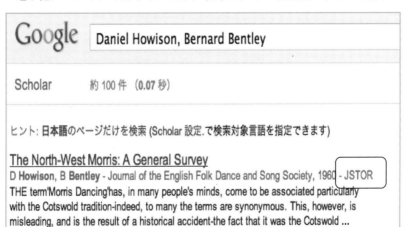

図 6

● 次の資料について、以下の問いに答えなさい。

> 廣原佑樹, 山下主税, 西尾孝治. LEGO ブロック組み立て支援システムの開発. 全国大会講演論文集. 2013, 2013(1), p.283-285

問69. この資料を複写依頼する前に、書誌事項が正しいかを確認するために、CiNii Articles を利用するのは有効である。

問70. NACSIS-ILL で、「全国大会講演論文集」をタイトルの検索キーとして書誌検索した結果、下記の6件がヒットした。検索結果1と検索結果2は2013年時点で既に終刊していることから、これらは該当の雑誌ではないと判断できる。

> 1. SERIAL <AA11299183> 全国大会講演論文集 : JSME fall annual meeting / 日本機械学会 [編] . -- 70 期 (1992.9.30/10.1)-76 期 (1998.10.1/4) .
>
> 2. SERIAL <AA11461791> 全国大会講演論文集 / 日本溶射協会 [編] . -- 55 回 (平 4.春)-58 回 (平 5.秋) .
>
> 3. SERIAL <AA11510773> 全国大会講演論文集 / 情報処理学会 [編] . -- 33 回 1 (昭 61.10.1〜3)- . w .
>
> 4. SERIAL <AA11909149> 全国大会講演論文集 / 教育システム情報学会 [編] .
>
> 5. SERIAL <AA12485117> 全国大会講演論文集 / 日本生産管理学会 [編] = / the Japan Society for Production Management .
>
> 6. SERIAL <AN00349328> 全国大会講演論文集 / 情報処理学会 [編] = / Information Processing Society of Japan . -- 17 回 (昭 51)- .

問71. 問 70 の検索結果のうち、検索結果 3 と検索結果 6 は学会名の欧文表記の有無のみが異なる重複（双子）書誌である。

問72. この資料について、近隣にある他大学の図書館に直接来館し、閲覧したいという希望が利用者からあった。NACSIS-ILL システムの所蔵検索では、地域コードあるいは都道府県コードによる絞り込みを行うことができる。

問73. この文献は最新号に掲載されており、著作権法上の「公表されてから相当期間」にも該当しなかった。この場合複写するには著者の許諾が必要である。

問74. この論文で扱っている主題について、欧文の論文を探すには「Engineering Village」より「SciFinder」の方が適している。

● 次の資料について、以下の問いに答えなさい。

> Michael L. Ulrey; Michael P. DeWalt; Cary R. Spitzer. Preliminary Considerations for Classifying Hazards of Unmanned Aircraft Systems. National Aeronautics and Space Administration, 2004, NASA/TM-2007-214539, 72p.

問75. この資料は、NASAから出版されたテクニカルレポート（技術報告書）である。

問76. この資料の書誌事項を確認するために、PubMedで「NASA/TM-2007-214539」をキーワードに検索するのが有効である。

問77. この資料は、巻号が「NASA/TM-2007-214539」である資料の、72ページに掲載されているということを意味している。

● 次の資料について、以下の問いに答えなさい。

> 深沢了子. 近世中期の上方俳壇. 東京大学, 2000, 博士論文.

＊問78. 日本の博士論文の所蔵を確認したい場合は、学位が授与された機関の図書館OPACや国立国会図書館蔵書検索・申込システム（NDL-OPAC）を検索するのが適切である。

問79. 国内の大学で授与した博士論文は、独立行政法人 大学評価・学位授与機構でも網羅的に収集されている。

問80. 2013年4月に学位規則の一部が改正となり、博士論文については原則として、印刷公表に代えてインターネットを利用して公表されることとなった。

問81. CiNii Books で「近世中期の上方俳壇」をタイトルの検索キーとして検索をすると、図7の結果となった。これは上記の資料であると考えることができる。

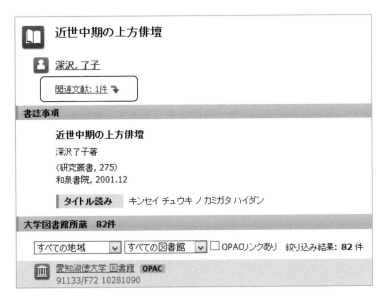

図7

問82. 図7の「関連文献：1件」をクリックすると、当該図書が参考文献としてあげている資料が表示される。

● 次の資料について、以下の問いに答えなさい。

> 「「情けは人のためならず」幼児の行動観察で実証」『読売新聞』（読売新聞社、2013年8月14日朝刊）

問83. この記事を入手できる大学図書館を確認する場合、CiNii Articles を検索するのは有効である。

＊問84. この記事が掲載されている読売新聞の縮刷版を閲覧したいという希望があった場合、CiNii Books や国立国会図書館蔵書検索・申込システム（NDL-OPAC）を検索するのは有効である。

問85. 個々の新聞記事について、図書館で複写が行えるのは各記事の半分以下まで（但し、発行後相当期間経過した定期刊行物となった場合は個々の記事の全部）とされている。

● 次の資料について、以下の問いに答えなさい。

> 「1970年から1980年までこの10年間の世界の出版状況の推移は、1981年版のユネスコの統計年鑑にのっている。」
> 鈴木一郎. アジアの出版文化：1960-1984の展望と今後の課題. 上智アジア学, 2, 1984, pp.32-57 より

問86. この資料に書かれている「ユネスコの統計年鑑」の1981年版を探している利用者に対し、CiNii Booksで「ユネスコ」「統計」「年鑑」をキーワードに検索を行った。その検索結果（図8）にある2つの書誌は、それぞれ別の資料をさしていると案内してよい。

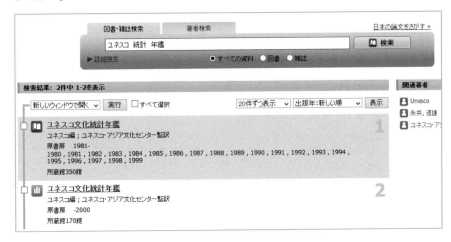

図8

問87. ユネスコの統計年鑑以外に日本の出版状況を調べるには、『出版年鑑』を利用するのが有効である。

問88. 統計資料について、総務省統計局のホームページで公開されている統計データをダウンロードするには、契約が必要である。

● 次の文献探索について、以下の問いに答えなさい。

> 日本及び海外における「南総里見八犬伝」の研究事例について調べることになった。

問89. 「南総里見八犬伝」に関する論文や雑誌記事を幅広く検索したい場合は、JAIRO を検索するのが最適である。

問90. 日本古典籍総合目録データベースで「南総里見八犬伝」を検索すると、「南総里見八犬伝」に関するこれまでに刊行された図書と、その所蔵館を確認することができる。

問91. NACSIS-ILL で「南總里見八犬傳」と検索しても、「南総里見八犬伝」と検索しても、検索結果は同じである。

問92. OCLC Worldcat では、「南総里見八犬伝」などの漢字形タイトルでは検索を行うことができない。

問93. 国文学研究資料館の「国文学論文目録データベース」で検索を行うと、日本文学関係の研究論文という範囲内での資料調査を行うことができる。

問94. 古典作品のように著作権保護期間にない著作であっても、全ページ複写を依頼する場合は、所蔵館に全ページ複写許可願を提出することが義務付けられている。

● 次の文献探索について、以下の問いに答えなさい。

> 「TPP＝環太平洋連携協定」に関する文献収集を行うことになった。

問95. 新聞記事を検索する場合、略語の「TPP」ではなく、正式な表現の「環太平洋連携協定」もしくは「Trans-Pacific Partnership」で検索する方が、多くの記事がヒットする。

問96. 文献収集において、「アメリカ」「米国」「合衆国」「USA」など様々な表現が考えられる事項を含む記事を漏れなく検索したい場合、論理和（OR）による論理演算を用いるのが適切である。

問97. 国立国会図書館サーチで「TPP」をキーワードに検索すると、図9のとおり3485件がヒットした。検索結果の中から新聞記事のみを表示するには、「新聞」をクリックすればよい。

問98. 問97と同様に、検索結果の中から国会会議録を表示するには、「立法情報」をクリックすればよい。

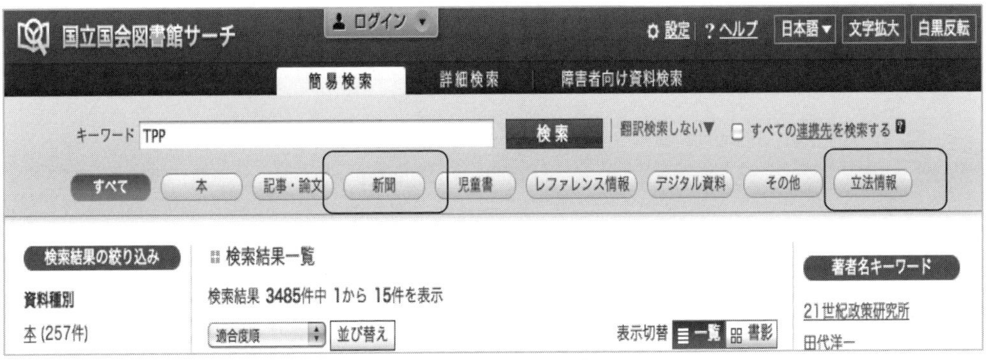

図9

＊問99. CiNii Articles で検索を行う場合、検索結果を「CiNii に本文あり」のみに限定することができる。ただし図 10 にある「CiNii PDF-未公開」アイコンが表示される文献は、提供学協会の意向により、一定期間は本文を閲覧することができない。

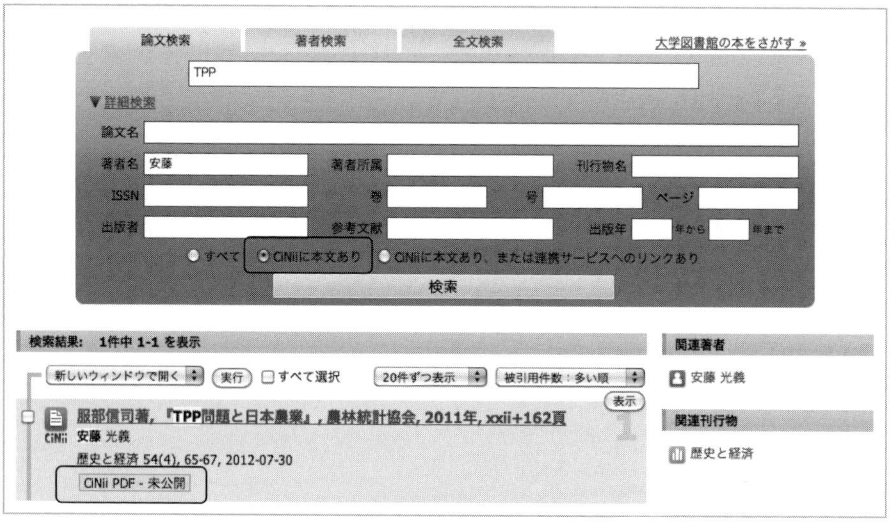

図 10

問100. 最近の日本経済新聞に掲載された記事を探したい場合、無料の「日経電子版」でも掲載日から検索することができる。ただし、本文をオンラインで読むには会員登録が必要である。

(終)

【注】
問 59. 現在は、著作権期間が切れている場合全ページが表示されるものもあります。

IAAL 大学図書館業務実務能力認定試験

「情報サービス－文献提供」 第3回（2014年11月9日）

試 験 問 題

- 「情報サービス－文献提供」では、情報サービスの業務で必要な、文献提供についての実務能力を評価します。
- この問題冊子に収録された問題は、2014年10月1日現在の各種情報源のデータやサービス内容に準拠して、作成しています。

注意事項

1. **指示があるまで開いてはいけません。**
2. 問題は100題で、解答時間は50分です。
3. 設問の番号と解答用紙の番号は対になっています。設問に対応する解答にマークされているか、十分注意してください。
4. この試験問題は、後で回収します。切り取ったり、転記したり、持ち帰ったりしてはいけません。
5. 解答用紙は機械処理しますので、折ったり曲げたりしないでください。

「＊」がついている問いは、終了もしくは変更が生じたサービスが含まれているため、2018年4月時点では問題文として成立しないものです。
「＊＊」がついている問いは、状況の変化で正解が変わったもので、100問の後に注記を記載してあります。解答編には問題作成時点での正解が記載されています。

NPO法人大学図書館支援機構

以下の 100 問について、正しい場合はマークシート欄の〇を、間違っている場合はマークシート欄の×をぬりつぶしてください。

I. 基礎問題

問1. Chicago Manual of Style とは、主に科学技術医学分野を対象としている学術論文の標準的スタイルの一つである。

問2. ある主題に関連する論文の多くが少数の主要雑誌に掲載される一方、そのような論文をごくわずしか掲載しないような雑誌が非常に多数存在するという経験則を「ブラッドフォードの法則」という。

問3. 自分の発明を国際的な特許とするための「PCT 制度」という国際出願制度があり、世界知的所有権機関(WIPO)はこの制度の事務局となっている。

問4. OpenURL とは、論文や図書・雑誌などの情報をシステム間で URL として受け渡す際の標準的な記述方式である。

＊問5. 統制語彙を意味するシソーラスには、医学分野では MeSH、教育学分野では ERIC、科学技術分野では JICST シソーラスなどがある。

問6. SciFinder とは、アメリカ化学会提供の世界最大規模の化学系の二次情報データベースであり、医学系の MEDLINE ファイルも一緒に検索することができる。

問7. CiNii Books で著者名から検索する場合、「図書・雑誌検索」のタブからでも、「著者検索」のタブからでも結果は同じである。

問8. CiNii Articles に収録されている論文の検索対象は、国内の学協会誌や紀要類が主で、国立国会図書館が作成している雑誌記事索引は含まれていない。

問9. 大学図書館においては、紀要等の大学が刊行する定期刊行物については、各大学図書館が受入を行った時点で、「発行後相当期間」を経過したものとみなすため、掲載された著作物全部を複製できる。

問10. 学位の授与等について定めた学位規則（昭和28年文部省令第9号）の一部改正により、博士の学位に係る論文（博士論文）は、インターネットを利用して公表されることになったため、全ての博士論文はインターネット上で利用することができる。

問11. Linked Open Data とは、セマンティック・ウェブの理念を実現するものとして、コンピュータが理解できる形式でデータを表現し、リンクでつないだもののことである。

問12. Google や Google Books では「圖書館」「图书馆」「図書館」のいずれのキーワードを用いても同一の検索結果を得ることができる。

問13. PDA（Patron Driven Acquisition）とは、電子書籍購入形態の一種で、ベンダーからアクセスを許可された電子書籍のうち、一定の利用があったタイトルのみを購入する契約モデルのことである。

問14. 国立情報学研究所は CLOCKSS（Controlled Lots of Copies Keep Stuff Safe）と呼ばれる世界的な電子資料のダークアーカイブ（保存）プロジェクトのアジアにおけるノードのひとつになっている。

問15. 国立国会図書館が提供している「図書館向けデジタル化資料送信サービス」では、同館がデジタル化した資料であれば、全て閲覧することができる。

問16. 国立国会図書館には納本制度があるため、国内のすべての刊行物を所蔵している。

問17. 2014年7月以降、国立情報学研究所が提供しているCiNii Articles上で、科学技術振興機構（JST）が提供しているJ-STAGE収録の論文情報全件を検索できるようになった。

問18. 文部科学省の科学研究費助成事業により行われた研究の当初採択時のデータを検索するツールには、国立情報学研究所のKAKENがある。

問19. 学術研究データベース・リポジトリとは、国内の学会、研究者、図書館等が作成している学術的なデータベースを、国立国会図書館が公開するサービスである。

問20. ゴールドOAとは、機関リポジトリなどにセルフアーカイブする方法である。

問21. リサーチナビとは、レファレンス協同データベースの事例を一般に公開したものである。

問22. HathiTrustにはGoogle Booksプロジェクトでデジタル化された資料も含まれており、慶應義塾大学の日本語資料も登録された。

問23. NACSIS-ILLで文献複写や現物貸借の依頼をする際は、どの参加館が現在サービスを行っているか、所蔵館の参加組織情報を個々に参照して判断する。

問24. NACSIS-ILLで謝絶されたILLレコードは、次候補の受付館があれば依頼館に「謝絶」の状態で戻らず、未処理の状態になる。

問25. 同じ雑誌に掲載された複数の論文の文献複写依頼の際、同一の巻に掲載されている論文であっても、基本的に論題を明記して論文単位にILLレコードを作成する。

問26. NACSIS-ILLで現物貸借した資料の貸出期間延長を依頼する際には、ILLシステム上の操作ではなく、電話等の方法で受付館に連絡する。

問27. NACSIS-ILL システムを利用して国立国会図書館への文献複写依頼をすることはできない。

問28. NACSIS-ILL では総合目録データベースに該当レコードが登録されていない場合は、参照ファイルからの書誌事項を利用することができる。

問29. BLDSC への文献複写・現物貸借は、NACSIS-ILL 経由で依頼を送信できる。

＊問30. NACSIS のグローバル ILL において、日韓 ILL では、料金は IFLA バウチャーで支払うことが前提となっている。

II. 応用問題

(1)応用問題（基本辞書）

問31. 『広辞苑』は版を重ねて改訂されているので、引用された内容を確認する際には、何版かを判断または推測する必要がある。

問32. 『逆引き広辞苑』は、意味内容から見出し語を探すことができる『広辞苑』の索引にあたるものである。

＊問33. 『広辞苑』第6版は机上版やDVD-ROM版の他に、電子辞書にも収録されている。

＊問34. 「日本化学物質辞書 Web」は、日本科学技術振興機構(JST)が作成している、有機化合物辞書データベースで、利用するためには事前登録が必要である。

問35. 『世界伝記大事典』は、*McGraw-Hill Encyclopedia of World Biography* の翻訳を基礎にしたもので、東洋人は含まれていない。

問36. 小学館発行の『古語大辞典』は、上代から近世にいたるまでの、広範囲な文献からことばを集めていて、語源や語の成り立ち、類義語等を解説している。

問37. 『群書類従』は、江戸時代に完成した日本最大の国書の叢書で、編纂者は国学者の塙保己一である。

問38. 大学図書館の電子ジャーナル受入種数の遷移を調べる際、「学術情報基盤実態調査」（旧「大学図書館実態調査」）の結果報告を用いることは有効である。

問39. 週刊誌や娯楽情報誌の記事を検索するには、国立国会図書館の雑誌記事索引よりも、大宅壮一文庫の「Web OYA-bunko」が適している。

問40. 日本の法令は、『官報』において公布されており、『官報』を調べれば、公布時点の法令を確認できる他、通達も確認することができる。

(2)応用問題（総合）

● 次の資料について、以下の問いに答えなさい。

> Michael E. Porter (土岐坤, 中辻萬治, 服部照夫訳) 競争の戦略. ダイヤモンド社, 1985

＊問41. この資料の原書を調べるため、国立国会図書館蔵書検索・申込システム（NDL-OPAC）で図1のように、タイトルの検索キーを「競争の戦略」、本文の言語を「英語」に指定する検索は有効な検索方法である。

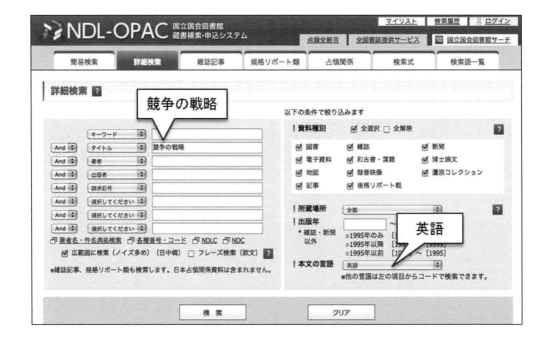

図1

問42. この資料を引用している文献を調べるためには、Web of Science を通して Social Science Citation Index を検索することは有効な方法である。

問43. NACSIS-ILL の書誌検索で、タイトルと著者で検索した結果、以下の4件がヒットした。出版年が異なることから、更に出版年の検索キーに「1985」を追加して再検索することは有効な方法である。

① <BA27930288> Michael Porter on competitive strategy ; tape 1, tape 2 . -- 日本語版 / ユニカルインターナショナル翻訳・監修 . -- Nathan/Tyler Production , c1988 . -- (Harvard Business School video series) . v .

② <BA61294995> 競争の戦略 / M.E.ポーター著 ; 土岐坤, 中辻萬治, 服部照夫訳 . -- 新訂 . -- ダイヤモンド社 , 2003.2 .

③ <BN0012401X> 競争の戦略 / M.E.ポーター著 ; 土岐坤［ほか］訳 . -- ダイヤモンド社 , 1982.10 .

④ <BN12284669> 競争の戦略 / M.E.ポーター著 ; 土岐坤, 中辻萬治, 服部照夫訳 . -- 新訂 . -- ダイヤモンド社 , 1995.3 .

問44. 問 43 の検索結果①はビデオ資料であった。ビデオ等の映像資料は館内の機器でダビングすることは著作権処理済みとされているものでも認められていない。

● 次の資料について、以下の問いに答えなさい。

> 佐々木俊尚. 電子書籍の衝撃. ディスカヴァー・トゥエンティワン,
> 2010, 303p., (ディスカヴァー携書, 048)

問45. この文献は、2010年に出版された『電子書籍の衝撃』というタイトルの図書である。

問46. この文献を、NACSIS-ILL で書誌検索する場合、タイトルの検索キー「電子」「衝撃」「ディスカヴァー」で掛け合わせるのは正しい検索方法である。

問47. この文献を大学図書館に現物貸借依頼する場合は、CiNii Books を通して依頼することができる。

問48. この文献に「無断転載・複製を禁じます」という表示がある場合、著作権法 31 条の範囲内での複写も行うことはできない。

● 次の資料について、以下の問いに答えなさい。

> A.G. Telin. "Controls of CO2 filtration in heterogeneous reservoirs with foam-emulsion systems". Advances in the geological storage of carbon dioxide. S. Lombardi, et. al. eds. Springer, c2006. p. 277-288, (NATO science series. ser. 4, Earth and environmental sciences, v. 65)

問49. この文献が収録されている「Earth and environmental sciences」のv. 65の著者は「A.G. Tein」1名である。

問50. この文献を、NACSIS-ILLで書誌検索する際に、タイトル検索キー「Controls of CO2 filtration*」でヒットしなければ、NACSIS-CATには書誌レコードがないと判断できる。

＊問51. この文献を所蔵している大学図書館に複写依頼する場合に、国立国会図書館蔵書検索・申し込みシステム（NDL-OPAC）経由で依頼することも可能である。

＊問52. この文献をGoogle Booksで検索したところ、Google eBooksにヒットした。この資料が著作権保護継続中の場合、スニペット表示による一部プレビューは可能だが、全文を表示することはできない。

● 次の資料について、以下の問いに答えなさい。

> Nature誌に掲載され、後日撤回されたSTAP細胞に関する論文について

問53. Nature誌の冊子版では元の論文の箇所に、該当の論文の撤回記事が何号に掲載されたか確認できないが、電子版では関連記事が表示される。

問54. Nature の電子ジャーナルに表示されている「doi」とは、医学系の論文に付与される識別番号である。

図2

問55. PubMed を検索する際に、この「10.1038/nature12968」は有効な検索キーである。

問56. 図2から、STAP 細胞に関する論文が掲載されたのは、Nature の Vol. 505 (2014) の p.641-647 であることが分かる。

問57. NACSIS-CAT で「Nature」誌を検索する場合は、FTITLE でタイトル完全一致検索ができるが、CiNii Books ではその機能がなく、「Nature」を含むもの全ての検索結果から出版年等で絞り込む必要がある。

● 次の資料について、以下の問いに答えなさい。

> 深串徹. 対日講和会議参加問題と中華民国政府の対応：1950～1952
> 年. 中国研究月報. 67(6), 11-14, 2013-06-25

問58. この文献は、『中国研究月報』という雑誌の 67 巻 6 号の、11-14 ページに掲載された雑誌論文である。

問59. この文献の掲載雑誌を NACSIS-ILL で検索したところ、所蔵館が多数存在した。67 巻 6 号を所蔵している所蔵館に絞り込み検索をするには、HLV フィールドに「67(*)」と入力する。

*問60. この文献の書誌事項確認のため、CiNii Articles を検索したところ図3のような検索結果一覧が表示された。大学等の法人単位で契約している場合には、この「CiNii PDF-定額アクセス可能」リンクボタンで論文本文を表示できる。

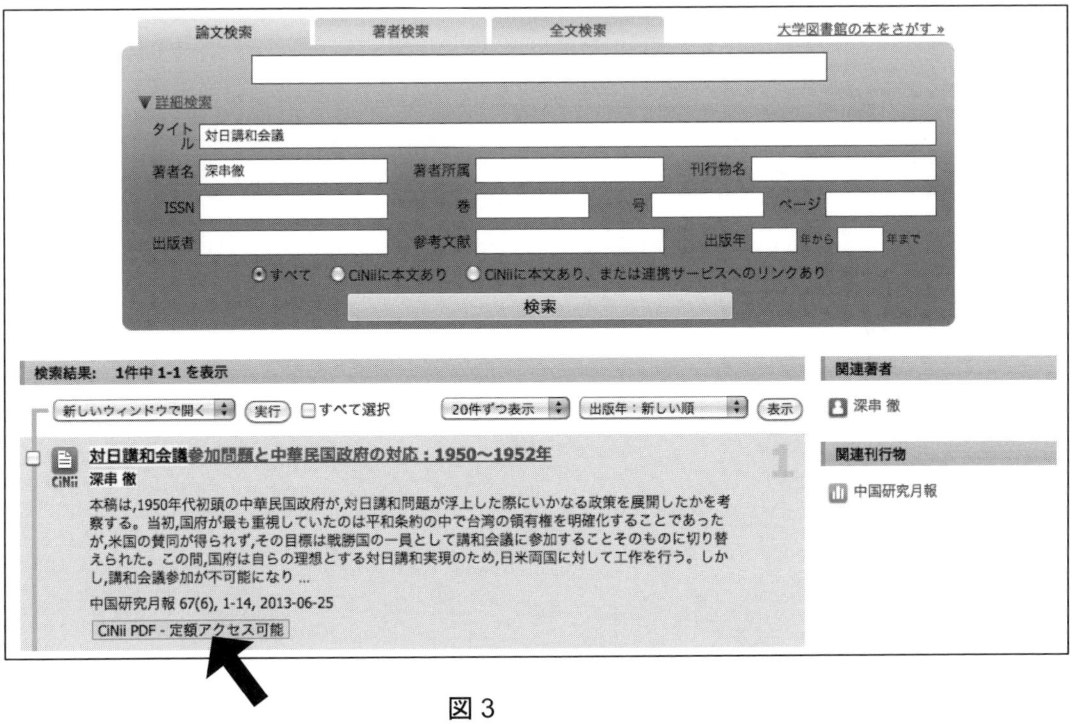

図3

＊問61. CiNii Articles の有料の論文を表示する画面で、図のように「GakuNin」のボックスが表示された。ここから機関毎の ID 認証でログインするとデータベースを移行する場合に再度 ID を入力する必要はない。

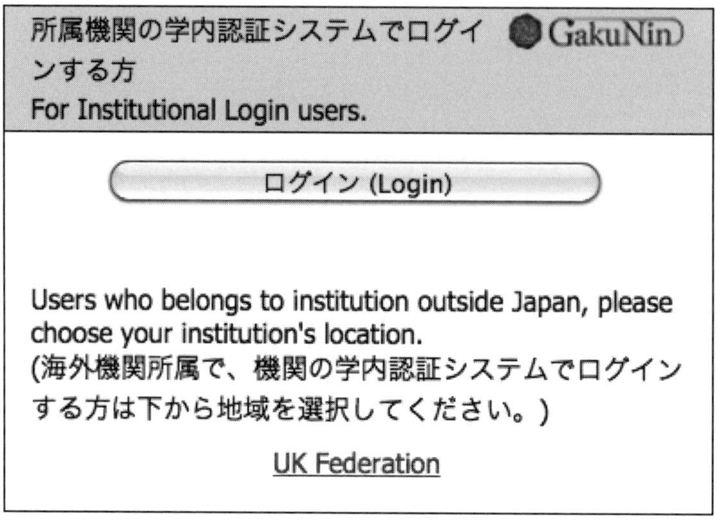

図4

問62. この文献の書誌事項を確認するためには、CiNii Article 以外に JDreamIII も有効である。

● 次の資料について、以下の問いに答えなさい。

> V. Gassling, et. al. Disease-associated miRNA-mRNA networks in oral lichen planus. PLos One. 2013 May 27. 8(5):e63015. doi: 10.1371journal.pone.0063015.Print 2013.PMID: 23700402　Free PMC Article

問63. この文献の著者は、V. Gassling　1名である。

問64. PMID とは PubMed 文献番号のことで、[PubMed in process]の処理中段階 の文献にも付与される。

問65. PLOS ONE とは、オープンアクセスジャーナルのひとつで、掲載論文は無料で読むことができる。

問66. PMC は米国の国立生物工学情報センター (NCBI) が運営する非営利の機関リポジトリである。

問67. オープンアクセスジャーナルに論文を投稿する場合、論文執筆者またはその所属機関が、APC と呼ばれる論文処理費用を負担するのが一般的である。

● 次の資料について、以下の問いに答えなさい。

> 朝日新聞. 2014年5月14日朝刊. 阪神大震災　公文書公開へ：神戸市. 来年1月から

問68. これは『情報の科学と技術』64(9), 2014.9, p.375 に引用された記事であり、朝日新聞の大阪版に掲載されたものであることが分かった。朝日新聞［東京］の縮刷版には大阪版の記事も収録されている。

問69. 朝日新聞社のデータベース聞蔵IIでは、大阪版の記事も収録されている。

問70. CiNii Articles でこの記事が朝日新聞の何面に掲載されているか調べることができる。

問71. 新聞の所蔵を調べるツールである全国新聞総合目録は、国立国会図書館サーチに統合された。

問72. 新聞記事を図書館で複写する場合には、著作権上、別の記事が写り込まないように遮蔽等の手段をとらなければならない。

● 次の資料について、以下の問いに答えなさい。

> JIS L 1902：2002.　繊維製品の抗菌性試験方法・抗菌効果

問73.　この書誌事項は、日本工業規格のL部門の規格番号1902で、制定年が2002年であることを意味している。

問74.　JISは国家規格だが、規格には国際規格、団体規格、地域規格などがあり、ISOはアメリカの国家規格である。

問75.　規格は毎年定期的に改正が行われている。

**問76.　JIS規格の検索に必要なJISハンドブックは、JIS総目録、YEARBOOK、分野別ハンドブックで構成されている。

問77.　JIS規格をWebサイトで検索するには、JISC（日本工業標準調査会）のサイトで規格本文の閲覧が可能である。

● 次の資料について、以下の問いに答えなさい。

> Montgomery, L.M. Anne of Green Gables. Harrap, 1925, 256p.

問78. 上記の資料を HathiTrust で検索したところ、いくつかデジタル化された資料がみつかった。図5は探している資料であると判断できる。

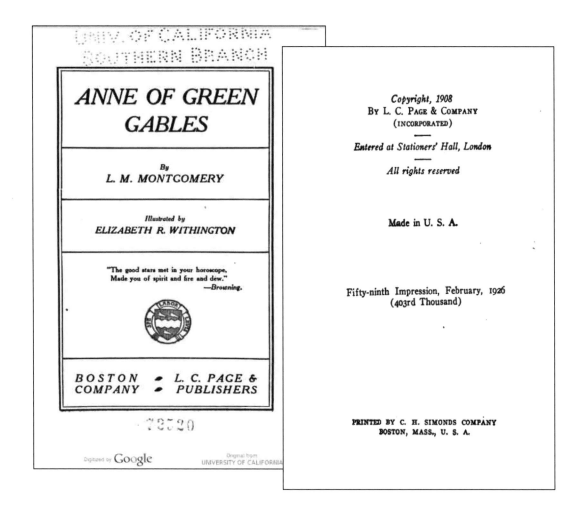

図5

問79. この資料の著者の没年を調べたところ、1942年に亡くなっていることがわかった。死後50年過ぎていることから、全ページの複写が可能である。

問80. この資料の翻訳タイトルを調べる場合、VIAFからMontgomery, L.M.の著作を辿って各国語のタイトルを調べることは有効な方法である。

問81. この資料の日本語の翻訳作品を確認できる書籍には、日外アソシエーツ刊行の『翻訳図書目録』がある。

問82. この作品を研究テーマとして書かれた北米の学位論文を入手するには、ProQuestが発行する学位論文の抄録誌「Dissertation Abstracts」や無料の検索サイト「Dissertation Express」を調べることが有効である。

● 次の資料について、以下の問いに答えなさい。

> 小倉一哉（2006）「ワーク・ライフ・バランス実現のための「壁」--有給休暇の未消化」『季刊家計経済研究』No.71, pp.36-44

問83. この文献は、『季刊家計経済研究』に掲載されている雑誌論文である。

問84. この資料の所蔵館をNACSIS-ILLで検索する場合、「家計経済」は正しい検索キーである。

問85. この資料を、NACSIS-ILLで検索し、所蔵館を絞り込む場合は、HLYRフィールドに71を入力するとよい。

問86. この資料を国立国会図書館サーチで検索したところ、図6のような検索結果になった。右側の「CiNii Booksで探す」をクリックすると、CiNii Booksで所蔵館を探すことができる。

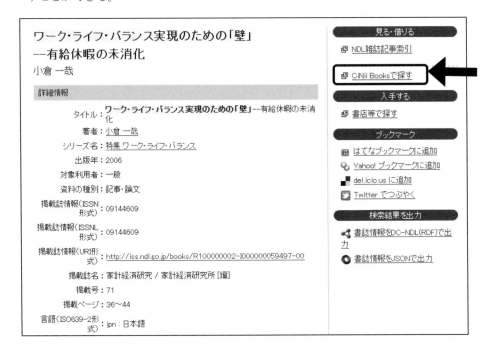

図6

問87. この文献が掲載されている号は最新号ではなく、著作権法上の「発行後相当期間」を経過していると考えられるため、図書館では、利用者の求めに応じ、その調査研究の用に供するために、論文全部の複製物を提供することができる。

● 次の法律について、以下の問いに答えなさい。

> 著作権法（昭和四十五年五月六日法律第四十八号）（最終改正：平成二六年六月一三日法律第六九号）
> 著作権法（明治三十二年法律第三十九号）の全部を改正する。

問88. この法律は、昭和 45 年に、明治 32 年の法律を改正して制定され、平成 26 年に最終改正が行われている。

問89. この法律の条文が掲載されている官報の号数を調べるには、無料で公開されているインターネット版「官報」の記事検索を利用するのが有効である。

問90. この法律の明治 32 年法律第 39 号の条文は、『官報』あるいは『法令全書』の冊子体を確認しなければならず、インターネット上の電子コレクションでは確認できない。

問91. この法律の法令沿革や審議経過は国立国会図書館提供の「日本法令索引」で確認できる。

問92. この法律の条文は全文複写できる。

● 次の文献探索について、以下の問いに答えなさい。

> 「少子化」「高齢化」に関する文献収集を行うことになった。

問93. CiNii Articles の簡易検索機能で「少子化　高齢化」というキーワードで検索を行うと、「少子化」あるいは「高齢化」がタイトルに含まれた論文のみ検索結果に表示される。

問94. CiNii Books の簡易検索機能で「少子化 OR 高齢化」というキーワードで検索を行うと、「少子化　高齢化」で検索した結果よりもよりヒット件数が多くなる。

問95. このテーマについて国立国会図書館サーチを利用して検索すると、並び替えの操作をしなければ、刊行年の新しい順に表示される。

問96. J-STAGE で検索した結果、図7のようになった。検索結果の内、認証が必要なものは、購読者あるは契約機関しか本文PDFを閲覧することはできない。

図7

● 次の文献探索について、以下の問いに答えなさい。

> 「地球温暖化」および「異常気象」に関する文献収集を行うことになった。

問97. 一般的に「地球」「温暖化」「異常」「気象」と単語単位にキーワードを入力するより、「地球温暖化」「異常気象」と複合語で検索する方が、再現率が高くなる。

*問98. CiNii Articlesで「地球温暖化」と「異常気象」をキーワードとして検索すると107件がヒットした。本文が読めるものだけに絞り込んだ結果の一部が図8である。「CrossRef」のアイコンをクリックすると、OCLCが運営する電子ジャーナルのリンクサービスに移行する。

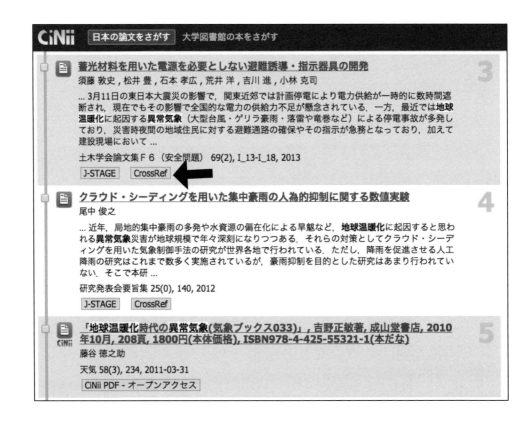

図8

問99. CiNii Articles の検索結果から、産業環境管理協会［編］の雑誌『環境管理 = Environmental management』50(5)　2014-05 で「特集：異常気象と地球温暖化」が組まれていることがわかった。この雑誌を Amazon から購入できると案内することは適切である。

図 9

問100. JDreamIII で「地球温暖化」と「異常気象」のキーワードで検索すると、論文タイトルや抄録部分に日本語のキーワードを含む、本文が外国語の文献も検索することができる。

(終)

【注】
問76. YEARBOOK は 2014 年までで、以降発行されていません。

IAAL 大学図書館業務実務能力認定試験

「情報サービス－文献提供」 第4回（2015年11月15日）

試験問題

- 「情報サービス－文献提供」では、情報サービスの業務で必要な、文献提供についての実務能力を評価します。
- この問題冊子に収録された問題は、2015年10月1日現在の各種情報源のデータやサービス内容に準拠して、作成しています。

注意事項

1. **指示があるまで開いてはいけません。**
2. 問題は100題で、解答時間は50分です。
3. 設問の番号と解答用紙の番号は対になっています。設問に対応する解答にマークされているか、十分注意してください。
4. この試験問題は、後で回収します。切り取ったり、転記したり、持ち帰ったりしてはいけません。
5. 解答用紙は機械処理しますので、折ったり曲げたりしないでください。

「*」がついている問いは、終了もしくは変更が生じたサービスが含まれているため、2018年4月時点では問題文として成立しないものです。

NPO法人大学図書館支援機構

以下の100問について、正しい場合はマークシート欄の〇を、間違っている場合はマークシート欄の×をぬりつぶしてください。

I. 基礎問題

問1. ORCIDとは、Open Researcher and Contributor IDの略称で、世界中の研究者に一意の識別子を与えることを目指す国際的な取り組みである。

問2. Unicodeとは、日本工業規格が制定する、漢字・ひらがな・カタカナ等を含む文字コード体系のことである。

問3. オープン・アクセス（OA）を実現する方法はグリーンOAとゴールドOAがある。前者は、査読つきOAジャーナルで論文を出版する方法であり、後者は著者が自身のホームページや所属する学術・研究機関のリポジトリなどで論文を公開する方法である。

問4. 学術雑誌の評価や引用による影響力を示す指標として、Impact factor、EigenFactor、Google Scholar Metricsなどがある。

問5. 書誌学一般では、目録、索引、抄録などは二次資料と定義されるが、法情報では法令や判例を解説した、教科書、雑誌論文、逐条解説などを二次資料と定義する。

問6. 右図のような、日本の市販書籍のジャケットに一般的に印字されている2段のバーコードは、ISBNと書籍JANコードである。

問7. 『日本十進分類法』は、補助表により探したい語が分類表のどこに位置するかを知ることができ、相関索引により形式区分・地理区分などを確認することができる。

問8. API（アプリケーションプログラミングインタフェース）とは、CiNii や国立国会図書館サーチで使われている特有のプログラム言語のことである。

問9. DBpedia とは、Wikipedia から情報を抽出して LOD（Linked Open Data）として公開するコミュニティプロジェクトである。

問10. SNS（ソーシャル・ネットワーキング・サービス）とはウェブ上の繋がり、交流を通して社会的なネットワークを構築するサービスのことであり、Facebook や mixi、LINE などが該当する。

問11. JUSTICE（大学図書館コンソーシアム連合）とは、国内の大学で利用できる電子ジャーナルを一元的に検索できるシステムである。

問12. クリエイティブ・コモンズ・ライセンスとは、クリエイティブ・コモンズ・コーポレーションへの申請により与えられる著作物に対する権利のことである。

問13. 教員がコピーした資料をリザーブブックとして複写に供することは、著作権法第31条により図書館内での複写であれば行うことができる。

問14. 「図書館の障害者サービスにおける著作権法第37条第3項に基づく著作物の複製等に関するガイドライン」により、視覚障害者等が著作物を利用できるよう、図書館は録音などの複製を行うことができる。

問15. CiNii Dissertations では、日本および海外の博士論文を検索できる。

問16. DOAJ（Directory of Open Access Journals）とは、国立情報学研究所が運営するオープンアクセスジャーナルへのリンク集である。

問17. JDream III では、検索結果から、国内医学文献提供サービスであるメディカルオンラインへの文献複写を依頼することができる。

問18. CADAL（China Academic Digital Associative Library）とは、日本と東アジア各国の大学図書館が連携し、各機関のデジタル化資料を共有するためのプロジェクトのことである。

問19. WDL（World Digital Library）とは、UNESCOとアメリカ議会図書館（Library of Congress）が共同で推進している電子図書館プロジェクトである。

＊問20. 国立国会図書館の近代デジタルライブラリーのサービスは終了し、収録資料は国立国会図書館デジタルコレクションに吸収される。

問21. 国立国会図書館サーチは、国立国会図書館の全所蔵資料と、全国の公共図書館で所蔵されている資料の、書誌・所蔵データで構成されている。

問22. OCLC WorldCatは図書・雑誌・楽譜・ビデオ・画像などのほか、雑誌論文や、ある資料の一章なども対象とするデータベースである。

問23. NACSIS-ILLで複写依頼する際、同じ雑誌の冊子版と電子版があれば、電子版に対して依頼レコードを作成することが推奨されている。

問24. NACSIS-ILLのレンディングポリシーに変更が生じた場合、速やかに「参加組織レコード」の内容を修正しなければならない。

問25. NACSIS-CATに登録された目録データがNACSIS-ILLに反映される頻度は、週一回である。

問26. NACSIS-ILLでは、総合目録データベースにも参照ファイルにも求めるレコードがなければ、ILLレコードを作成することができない。

問27. NACSIS-ILLのファイルには複写用のCOPYファイルと貸借用のLOANファイルがあるが、それぞれはカレントファイルとバックファイルにさらに分割されている。

問28. NACSIS-ILL の ILL 文献複写等料金相殺サービスでは、当月内に OK コマンドを発行し、1円以上の金額が入力されている ILL レコードを対象に、毎月相殺処理が行われ、四半期毎に精算される。

問29. 国立国会図書館から ILL で貸借した図書は、依頼者が希望すれば館外への貸し出しをすることができる。

＊問30. NACSIS-ILL で海外の図書館等から複写物や図書を取り寄せる場合、ILL 文献複写等料金相殺サービスで処理できないときは IFLA バウチャーを使用しなければならない。

II. 応用問題
(1)応用問題（基本辞書）

問31. 『書誌年鑑』は、国内で発表された様々な種類の文献目録や書誌類をまとめた書誌の書誌である。

問32. 『雑誌新聞総かたろぐ』は、刊行中の雑誌や新聞など、定期刊行物に関する情報を総合的に収載している出版目録である。

問33. 『大辞泉』は書籍版のほか、デジタル版の「デジタル大辞泉」も提供されている。

問34. 『現代用語の基礎知識』は2012年度版から書籍での刊行を停止し、有料ウェブ版のみでの販売となった。

問35. 『大日本古記録』『大日本古文書』は時代ごとにまとめられた日本史辞典である。

問36. 『International historical statistics』の日本語翻訳版として『マクミラン新編世界歴史統計』がある。

- 問37〜40は、語彙索引、シソーラス、コンコーダンス、コーパスの意味と、それらの代表的な資料を問う問題です。

問37. 似た意味の言葉を調べるには、語彙を意味によって分類したシソーラスがあり、ロジェが著した『Thesaurus of English Words and Phrases』がシソーラスの始まりと言われている。

問38. JDreamIIIで使用するJST『科学技術用語シソーラス』は、科学技術専門用語辞書だが、医学用語は含まれない。

問39. 語彙を分類したものをコーパスと呼び、聖書から語彙を集めた聖書コーパス等がある。

問40. 和歌の単語を索引化して編集したものとして、『新編国歌大観』がある。

(2)応用問題(総合)

● 次の文献について、以下の問いに答えなさい。

> ウォルター・アイザックソン著. スティーブ・ジョブズ. 井口耕二訳.
> 講談社, 2011, 2冊

＊問41. CiNii Books や国立国会図書館蔵書検索・申込システム（NDL-OPAC）でこの文献の原本を検索する場合、「スティーブ・ジョブズ」をキーワードとしても有効な検索結果は得られない。

＊問42. CiNii Books や国立国会図書館蔵書検索・申込システム（NDL-OPAC）でこの書名中の人物の伝記等を検索する場合、件名の検索キーとして人名の原綴り（Jobs, Steve）で検索することは有効である。

問43. 図1は、この文献を CiNii Books で検索した結果の書誌部分である。ここには1巻の書誌・所蔵レコードが示され、2巻の情報は別の書誌・所蔵レコードに記録されている。

図1

問44. 図2も、この文献を CiNii Books で検索した結果の一部である。この「書き出し」欄に書かれている「RefWorks」「EndNote」「Mendeley」とは、文献管理の機能を有する論文作成支援ツールのことである。

図2　　　　　（拡大）

問45. 大英図書館の Explore the British Library で「Steve Jobs」というフレーズを含む文献に絞って検索するには、単語を二重引用符（" "）で括ればよい。

● 次の文献について、以下の問いに答えなさい。

> 鮎沢修. "NDCの諸問題". 知識の組織化と圖書館：もり・きよし先生喜壽記念論文集. もり・きよし先生喜壽記念会編. もり・きよし先生喜壽記念会, 1983, p. 59-73.

問46. この文献は、『知識の組織化と圖書館』という図書に掲載されている「NDCの諸問題」という論文である。

問47. この文献をNACSIS-ILLで書誌検索する場合、タイトルの検索キーとして「NDC　知識*　組織化*」は有効な検索キーである。

問48. この資料全体が論文15編で構成されており、それぞれの著者が異なっている場合、ILLの複写依頼ができるのは各論文の半分以下までである。

問49. 図3は、この文献をGoogle Booksで検索した結果である。このようにGoogle Booksでヒットしたということは、この文献の全文が一般公開されているということである。

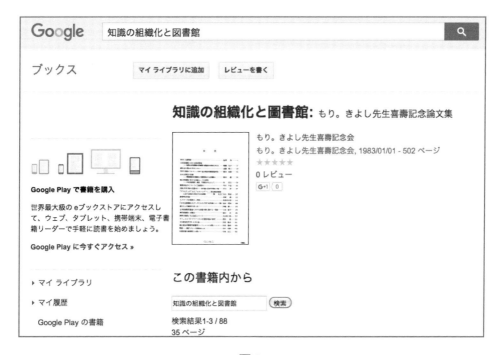

図3

● 次の文献について、以下の問いに答えなさい。

> The effects of synchronous and asynchronous computer-mediated communication (CMC) on the development of oral proficiency among novice learners of Japanese.

問50. この文献をNACSIS-ILLで書誌検索する場合、タイトルの検索キーとして「computer-mediated communication」「computer mediated communication」「CMC」「C. M. C.」はどれも有効な検索キーである。

問51. 図4は、この文献をCiNii Booksで検索した結果である。この「注記」から、この文献は学位論文の注文生産による複製資料であることが分かる。

図4

問52. 図5は、この文献をOCLC WorldCatで検索した結果である。これから、この文献はNational Diet Library（国立国会図書館）で所蔵されていることが分かる。

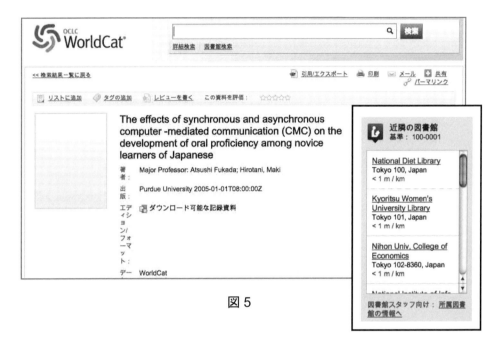

図5

問53. 図6は、この文献をGoogle Scholarで検索した結果である。Google Scholarでは、この文献が引用している別の資料を辿ることができる。

図6

問54. 図4〜図6の検索結果から、この文献を入手するには、全体であればProQuestに注文する、部分であればNACSIS-ILLで複写依頼する方法が考えられる。

問55. 図4〜図6の検索結果から、この文献の著者はHirotani, Makiだと判断できる。

● 次の文献について、以下の問いに答えなさい。

> Belar, Cynthia. "Models and concepts". Handbook of Clinical Health Psychology. Llewelyn, Susan; Kennedy, Paul eds. Wiley InterScience, 2003. p. 7-19.

問56. この文献の論文の著者は、Susan Llewelyn と Paul Kennedy の 2 名である。

問57. この文献を NACSIS-ILL で書誌検索する場合、タイトルの検索キーとして「models and concepts」は有効な検索キーである。

問58. この文献を大学図書館へ複写依頼する場合、CiNii Books を利用するのが適切である。

問59. 図 7 は、この文献を CiNii Books で検索した結果である。検索結果画面に表示される「OPAC」ボタンは、アクティブ表示であれば各所蔵館の OPAC にリンクしている。

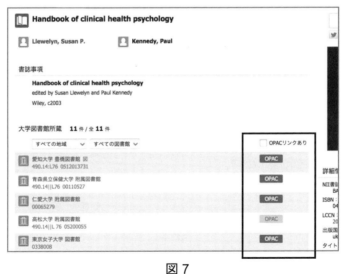

図 7

問60. この文献を CiNii Books で検索したところ MeSH（医学件名）が付与されていた。医中誌 Web データベースでも、MeSH を検索キーとして雑誌論文を検索することができる。

120 | 第2章 「情報サービスー文献提供」過去問題

● 次の文献探索に関する事柄について、以下の問いに答えなさい。

> 明治43年6月に刊行された「淺間山ノ噴火ニ就キテ」について。

・国立国会図書館サーチで「淺間山ノ噴火ニ就キテ」をキーワードに検索したところ、図8のように6件ヒットした。

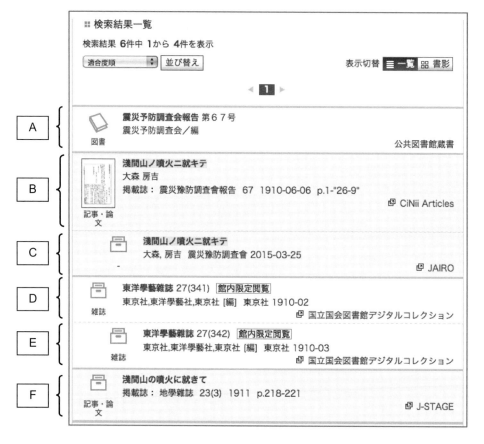

図8

問61. 明治43年は西暦1910年である。

問62. 図8のBとCは同じ雑誌記事を指している。

問63. 図8のAは図書であり、Bとは別の文献を指している。

問64. 図8のDとEは『東洋學藝雜誌』の27（341）と27（342）に掲載された記事であり、その論題や著者は「雑誌記事索引」で検索することができる。

問65. 図8のDとEの文献を全文複写したい場合、著者の没後50年以内であれば許諾をとる必要がある。

問66. 図8のDは、国立国会図書館デジタルコレクションに収録され、インターネットで一般公開されている。

問67. 「東洋學藝雜誌」をNACSIS-ILLで書誌検索する場合、「東洋学芸雑誌」は有効な検索キーである。

問68. 災害情報の収集に関して、気象庁や国土地理院などのサイトは、火山活動に関する数値データや地図情報を有料で提供している。

次の文献について、以下の問いに答えなさい。

> A.Takada, C.Robinson, H.Goto, A.Sanches, K. G. Murti, M. A. White and Y.Kawaoka. "A system for functional analysis of Ebola virus glycoprotein" Proc. Natl. Acad. Sci. U. S. A.. 1997 Dec. 23, 94(26), p. 14764-14769.

問69. この文献のように複数著者による共著論文であり、かつ著作権が出版社や学協会へ譲渡されている場合、筆頭著者が機関リポジトリ等での一般公開を希望したとしても、公開に際しては出版社等の許諾および共著者の了解が必要である。

問70. この文献を NACSIS-ILL で書誌検索する場合、タイトルの検索キーとして「proc* natl* acad* sci*」は有効な検索キーである。

問71. 図9は PubMed の検索結果である。（ア）にある PMC とは、米国国立衛生研究所/米国国立医学図書館 (NIH/NLM)内の国立バイオテクノロジー情報センター(NCBI)が運営する無料フルテキスト アーカイブである。

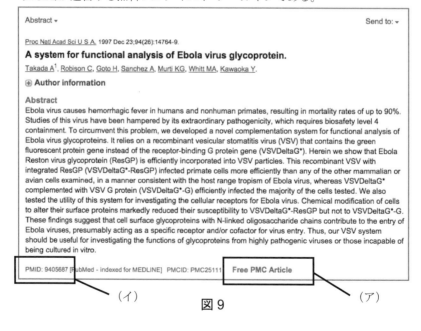

図9

問72. 図9の（イ）は、この文献に与えられた DOI (Digital Object Identifier)と同じ番号である。

● 次の文献について、以下の問いに答えなさい。

> Clarke, R.M. (1978) 'Problem-oriented Medical Education', Proceedings of the Seventh Australian Medical Records Conference, (18–21 May 1978) Australian National University.
> —(1981) 'A New Style of Undergraduate Curriculum: The Newcastle Experience and What it has to Offer', ANZAME Bulletin, October: 16–22.

問73. この文献は、著者は Clarke, R.M. であり、1978 年と 1981 年に公表された 2 つの文献を示している。

問74. 'Problem-oriented Medical Education' は、1978 年 5 月 18-21 日に開催された第 7 回 Australian Medical Records Conference の会議録に掲載されている。

問75. この文献は、'Problem-oriented Medical Education' がその後 1981 年に「ANZAME Bulletin」という紀要に再録されたことを示している。

＊問76. CiNii Books 等で「ANZAME Bulletin」を検索したが、国内には所蔵がないことが分かった。その場合、OCLC Worldcat でヒットすれば、海外のどの図書館にもグローバル ILL を通じて文献複写を依頼することができる。

● 次の文献について、以下の問いに答えなさい。

> 松田桂子. A systematic study of local active galactic nuclei with infrared and hard X-ray all-sky surveys. 政策研究大学院大学, 2013, 博士論文.

問77. 博士論文の検索において、CiNii Dissertations では論題や著者名、学位授与大学名などから検索することができる。

＊問78. 国立国会図書館には国内の博士論文が所蔵されており、国立国会図書館蔵書検索・申込システム（NDL-OPAC）や国立国会図書館サーチで検索できるほか、国立国会図書館デジタルコレクションでは一部の電子化された博士論文を閲覧することもできる。

問79. この文献のように論題および本文が英文である場合、その博士論文は国立国会図書館には収蔵されていない。

問80. この文献のような自然科学系分野の博士論文の検索には、JDreamⅢが最も有効である。

問81. 平成25年の学位規則の一部改正により、公表された学位論文については全て、著者の許諾なく全ページの複写を行えるようになった。

問82. 平成25年の学位規則の一部改正により、公表された学位論文については全てDOIが付与されるようになった。

● 次の文献探索について、以下の問いに答えなさい。

> 2015年7月に亡くなった哲学者・思想家の鶴見俊輔氏に言及している「天声人語」と、鶴見俊輔氏による詩集『もうろくの春』について書いてある朝日新聞大阪版の投稿欄「声」の記事を探している。

問83. 朝日新聞「天声人語」の記事検索について、聞蔵Ⅱではこの年代の全記事を検索することができる。

問84. ヨミダス歴史館は読売新聞のみではなく、朝日新聞や日本経済新聞等の主要各紙を収録している。

問85. 原則として投稿規定等に特に定めのない場合、新聞の読者署名入り記事の著作権は、その執筆者にあるとされる。

問86. 『もうろくの春』について書かれた新聞記事を読むため、縮刷版を検索することにした。縮刷版は各地方版ごとに記事が異なるため、東京版の縮刷版ではこの記事を確認できない。

問87. 『もうろくの春』について書かれた新聞記事を探す場合、CiNii Articlesを検索するのが適切である。

● 次の文献探索について、以下の問いに答えなさい。

> アメリカにおける日本のマンガ文化の影響を調べている。

問88. マンガに関する教育分野での海外の文献を探すために、ERIC を検索することは有効である。

問89. マンガに関する文学言語分野での海外の文献を探すために、MLA International Bibliography を検索することは有効である。

問90. アメリカにおける漫画に対する意識、世論等を調べたいと考えた。その場合、アメリカ議会図書館（Library of Congress）が毎年発行している「Gallup Poll」を検索することは有効である。

問91. 同様に、アメリカにおける文化や流行等について調べたいときは、アメリカンセンターJAPAN のレファレンス資料室を利用するのも有効である。

問92. CiNii Articles で「マンガ」をフリーワードとして検索すると、タイトルに限らず全項目のどこかに「マンガ」「まんが」「漫画」「manga」という語が記録されている論文がヒットする。

問93. 図 10 は、HathiTrust で本文および全項目のどこかに「japanese」と「manga」という語を含む条件で検索した結果画面である。これは、「Full View」即ち電子化された本文が見られるものがの 28,261 件ヒットしたことを示している。

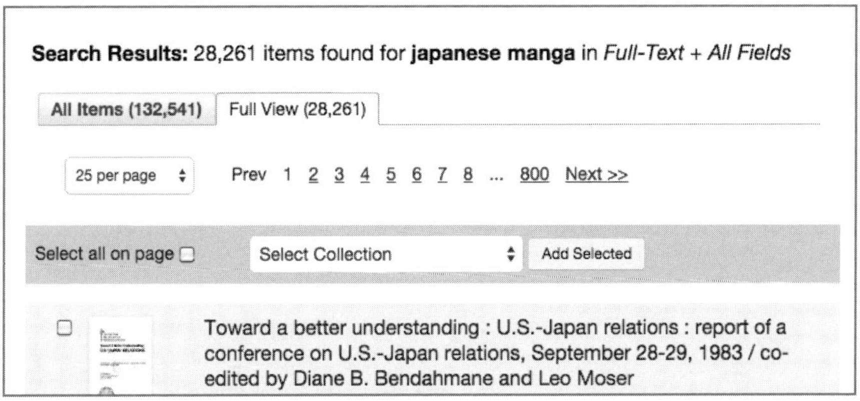

図 10

問94. 図 11 のように HathiTrust で「this exact phrase」を指定した場合、完全一致検索となるので「Japanese manga」のように大文字・小文字を区別する必要がある。

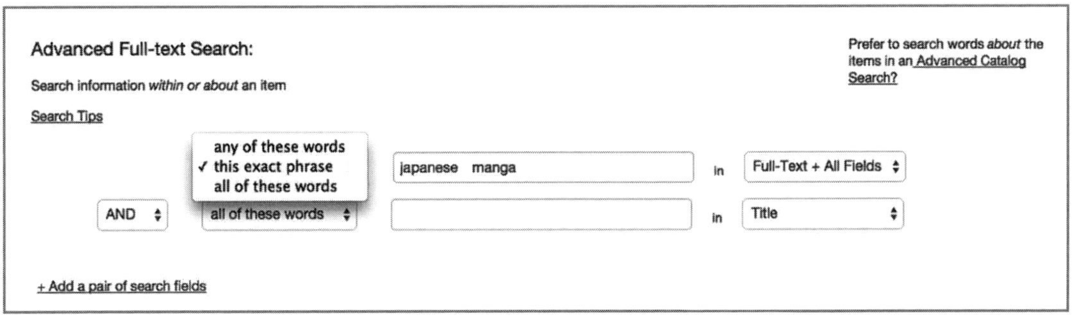

図 11

- 次の文献探索について、以下の問いに答えなさい。

> 昭和39年開催の東京オリンピックを中心に、近年のオリンピックに関する様々な事柄を調べている。

＊問95. 昭和39年開催の東京オリンピックについて、当時の選手の活躍を女性週刊誌がどう報じたかを確認したいときは、大宅壮一文庫の雑誌記事索引検索データベースを利用するのが最適である。

問96. 昭和39年開催の東京オリンピックに関する特別措置の法律を確認したいと考え、「官報」を検索することにした。「官報」は現在、過去1年分を除き、全て国立国会図書館デジタルコレクション上で全文公開されている。

問97. 東京オリンピック開催当時と現在の物価を比較したいと考えた。その際、どのような政府統計調査があるかを調べるために、総務省統計局が管理する統計ポータルサイト「e-Stat」を利用することは適切である。

問98. Europeanaでオリンピックに関する文献を検索することにした。ただしEuropeanaには日本語資料が登録されていないため、日本語を検索語とすることはできない。

問99. OCLC Worldcat の検索において、検索語をそれぞれ「五輪」「オリンピック」「Olympic」としても、得られる結果は同じである。

問100. 東京オリンピックの記録映画を探しているが、映画作品の検索方法が分からない。このような場合、各種文献の検索方法、ツール、参考資料などをまとめている国立国会図書館リサーチ・ナビを調べることは有効な方法である。

(終)

IAAL 大学図書館業務実務能力認定試験

「情報サービス－文献提供」　第5回（2016年11月13日）

試 験 問 題

- 「情報サービス－文献提供」では、情報サービスの業務で必要な、文献提供についての実務能力を評価します。
- この問題冊子に収録された問題は、2016年10月1日現在の各種情報源のデータやサービス内容に準拠して、作成しています。

注意事項

1. **指示があるまで開いてはいけません。**
2. 問題は100題で、解答時間は50分です。
3. 設問の番号と解答用紙の番号は対になっています。設問に対応する解答にマークされているか、十分注意してください。
4. この試験問題は、後で回収します。切り取ったり、転記したり、持ち帰ったりしてはいけません。
5. 解答用紙は機械処理しますので、折ったり曲げたりしないでください。

「*」がついている問いは、終了もしくは変更が生じたサービスが含まれているため、2018年4月時点では問題文として成立しないものです。

NPO法人大学図書館支援機構

以下の 100 問について、正しい場合はマークシート欄の〇を、間違っている場合はマークシート欄の×をぬりつぶしてください。

I. 基礎問題

問1. JAIRO Cloud は国立情報学研究所とオープンアクセスリポジトリ推進協会（JPCOAR）共同運営になり、基本会費および構成員数に応じた利用課金が平成 29 年度から開始される。

問2. openscience.jp は日本のオープンサイエンスの取組みや情報を海外に向けて発信するためのポータルサイトである。

問3. 国公私立大学図書館協力委員会図書館著作権検討委員会と一般財団法人出版者著作権管理機構（JCOPY）とは、「大学図書館協力における資料複製に関する利用許諾契約」を交わしており、大学図書館では、JCOPY の管理著作物については、ILL 複写物の通信回線利用による提供が可能である。

問4. 日本医学図書館協会では、相互貸借マニュアルで、FAX による申込書の様式を定めている。

問5. 平成 28 年 4 月から「障害者差別解消法」（障害を理由とする差別の解消の推進に関する法律（平成 25 年法律第 65 号）制定）が施行され、図書館は事業者として「対応指針」を定め、バリアフリーに努めなければならない。

問6. ディスカバリーサービスでは、自館の OPAC の他、契約している電子ジャーナル、データベース、機関リポジトリ等を一括検索することができる。

問7. 当該タイトルを契約していない電子ジャーナルに掲載された論文であっても、論文単位で購入する方法を Pay-Per-View という。

問8. JaLC (Japan Link Center)は、国際 DOI 財団から認定されている、日本で唯一の DOI 登録機関である。

問9. 学術認証フェデレーション（学認）とは、学術 e-リソースを利用する大学や、提供する機関・出版社からなる認証連携のことで、シングルサインオンで、学内や、学外、商用データベース等をシームレスに利用することができる。

問10. ERDB-JP で収集された電子リソースの書誌情報は、NACSIS-CAT の電子ジャーナル、電子ブックのファイルに収納される。

問11. CiNii Dissertations では、本文全文が電子化されている日本の博士論文についての検索が可能であり、国立国会図書館が所蔵する博士論文は検索対象ではない。

問12. 日本の機関リポジトリのコンテンツの特徴は、海外の機関リポジトリに比べて、紀要が多いことが特徴である。

問13. NACSIS-ILL の書誌検索において、タイトルに「老人医学・心理学研究」と入力した場合と、「老人医学心理学研究」と入力した場合の検索結果は同じである。

問14. 国立国会図書館でデジタル化された資料は、「国立国会図書館デジタルコレクション」のページで検索することができ、またそれらはすべて、「図書館向けデジタル化資料送信サービス」によって、国立国会図書館の承認を受けた図書館で、利用することができる。

問15. 「国立国会図書館典拠データ検索・提供サービス（Web NDL Authorities）」は、国立国会図書館が維持管理する典拠データを一元的に検索・提供するサービスであり、RDF を使用した検索をサポートしている。

問16. 国立国会図書館の議会資料検索システムで、都議会等の各都道府県議会の議事録も検索することができる。

問17. ResearchGate とは、科学者・研究者向けのソーシャル・ネットワーク・サービスで、論文の投稿やデータの登録、共有が可能になっている。

問18. コクランライブラリーとは、英国のコクラン共同計画により制作されている、EBM（根拠に基づく医療）のデータベースで、システマティック・レビューを掲載している。

問19. Web of Science では、引用文献検索を行うことができ、当該論文が引用している論文のみならず、その論文を引用している論文も検索することができる。

問20. 国立国会図書館の図書・雑誌の所蔵情報も、CiNii Books で一元的に検索することができる。

問21. 日本の修士論文の所蔵を検索するには、CiNii Books を用いるとよい。

＊問22. 規格番号からどういう規格内容なのかを調べるには、国立国会図書館蔵書検索・申込システム（NDL-OPAC）の「規格リポート類」のタブを選択して検索するとよい。

問23. 国立国会図書館の地図室には、日本の官製図や外報図、世界各国基本図、住宅地図に加えて、江戸期以前の古地図の原本もおかれている。

問24. OCLC 参加館は OCLC 経由で海外からもアメリカ議会図書館の所蔵情報を確認し、ILL をリクエストすることができる。

問25. CiNii Books と NACSIS-ILL では、書誌所蔵情報の更新にタイムラグがあり、CiNii Books の所蔵情報の方が最新のものである。

問26. NACSIS-ILL で依頼内容について問合わせる際に、依頼館からの回答を必ず受けるには、合計金額に「0」や実際の料金を入力するとよい。

問27. NACSIS-ILL の依頼レコードにおける「支払区分」の修正は、状態が「準備中」「照会」「確認」の時に行うことができる。

問28. NACSIS-ILL の受付業務で、依頼内容に不備がある（参照不完の）場合は、コメントを入力し、謝絶の処理を行う。

問29. NACSIS-ILL における操作で、コマンド発行後に誤りに気付いた場合には、相手館が受付処理をする前なら [CALLBACK] コマンドにより、ひとつ前の状態に戻すことができる。

＊問30. NACSIS-ILL のグローバル ILL を利用して韓国へ依頼した文献の複写料金は、相殺システムによって処理される。

II. 応用問題
(1)応用問題（基本辞書）

問31. 漢字の成り立ち、意味の展開を知るのに便利な『字通』は白川静の編纂によるものである。

問32. KOD（研究社オンライン辞書検索サービス）には研究社発行の辞書の他に、『大辞林』（三省堂）も収録されている。

問33. 『国史大辞典』は日本の様々な領域の歴史について年代順に編成した辞典である。

問34. 東洋経済新報社が刊行する『会社四季報』は、会社の所在地、財務情報や株主などをまとめたハンドブックだが、会社の業績予想は掲載されていない。

問35. 写真や図絵を主体にして編集した図書で、生物や事物の形状、仕組み、色彩などを図解、図示している参考図書を「図鑑」という。

問36. 日本の絶滅のおそれのある生物について調べられるレッドデータブックは、農林水産省が公表するレッドリストに基づいて作成されている。

問37. 『理科年表』は、科学の全分野を網羅するデータブックであり、その編纂は国立天文台が行っている。

問38. 「ナショナルアトラス」とは、一国の自然、社会、経済、文化などを、多数の主題図を用いて体系的に編集したものであり、日本では、国土地理院が刊行している。

問39. 「ニューグローブの事典は」と聞かれた場合、スポーツ事典を案内する。

問40. 「マキノの図鑑は」と聞かれた場合は、植物学のコーナーを案内する。

(2)応用問題(総合)
● 次の文献について、以下の問いに答えなさい。

> 常用漢字表の字体・字形に関する指針 ： 文化審議会国語分科会報告（平成28年2月29日） 文化庁編

問41. この文献を国立国会図書館サーチで検索したところ、同じタイトルの6件がヒットした（図1）。これは、すべて異なる出版物を指している。

```
政府刊行物  常用漢字表の字体・字形に関する指針：文化審議会国語分科会報告〈平成28年2月29日〉
           文化庁 編  三省堂 2016
                                              国立国会図書館蔵書  公共図書館蔵書

政府刊行物  常用漢字表の字体・字形に関する指針（報告）：平成28年2月29日文化審議会国語分科会
           文化庁（文化部国語課）編  文化庁 2016
                                              国立国会図書館蔵書  公共図書館蔵書

図書       常用漢字表の字体・字形に関する指針（報告）
           文化庁／編  文化庁 2016
                                                              公共図書館蔵書

図書       常用漢字表の字体・字形に関する指針<報告>：平成28年2月29日文化審議会国語分科会
           文化庁(文化部国語課)‖編集  文化庁(文化部国語課) 2016
                                                              公共図書館蔵書

図書       常用漢字表の字体・字形に関する指針：文化審議会国語分科会報告（平成２８年２月２９日）
           文化庁 編  文化庁文化部国語課 2016
                                                              公共図書館蔵書

図書       常用漢字表の字体・字形に関する指針（報告）：文化審議会国語分科会報告（平成２８年２月２９日）
           文化庁（文化部国語課）／編  文化庁 2016
                                                              公共図書館蔵書
```

図1

問42. 図1の上2件は「政府刊行物」であり、下4件は一般に流通している図書（市販本）であると判断してよい。

問43. 大学図書館の所蔵を調べるため、詳細表示から「CiNii Books で探す」をクリックした場合，検索キーが適切か改めて確認する必要がある。

問44. この文献を NACSIS-ILL で書誌検索する場合、タイトルの検索キーとして「常用漢字表の字体字形*」と入力するのは適切である。

問45. 文化庁の文化審議会等の報告書を調査する場合に，e-Gov（イーガブ）を調べることも有効である。

● 次の文献について、以下の問いに答えなさい。

> 和中幹雄研究代表「情報環境の変化に適切に対応する書誌コントロールの在り方に関する研究」(科学研究費補助金(基盤研究C)研究成果報告書) 2016.3.

問46. この科学研究費補助金研究成果報告書の概要を知りたい場合、国立情報学研究所のKAKEN（科学研究費助成事業データベース）を検索する。

問47. 一般的な科研費報告書は終期を予定しているので、NACSIS-CATに収録されている場合、図書として扱われる。「科学研究費補助金(基盤研究C)研究成果報告書」を親書誌として、各報告書がリンクしている。

問48. 科学研究費補助金研究成果報告書は、CiNii Articlesや機関リポジトリにも収録されている場合がある。

問49. 科学研究費補助金による研究成果報告書は、国立国会図書館への納本義務があるため、報告書は網羅的に国立国会図書館に所蔵されている。

問50. 科研費報告書は「公表された著作物」とは見なさないため、著作権法第31条（図書館等における複製等）の対象にはならない。

● 次の文献について、以下の問いに答えなさい。

> 瀬戸口誠. "日本の情報リテラシー教育における大学図書館員の役割モデル". 図書館情報学教育論叢 ： 岩猿敏生先生卒寿記念論文集. 京都図書館学研究会編. 京都図書館学研究会, 2012.6, p. 169-190

問51. この文献は、『図書館情報学教育論叢』という図書に収録されている一論文である。

＊問52. この文献を CiNii Books、NACSIS-CAT/ILL や国立国会図書館蔵書検索・申込システム（NDL-OPAC）で検索する場合、「岩猿, 敏生」は件名の検索キーとして有効である。

問53. この文献を図書館で複写する場合、研究・調査目的であれば、著者の許諾なく、1人1部のみ、全頁複写することができる。

問54. この文献は、CiNii Articles でも検索することができる。

● 次の文献について、以下の問いに答えなさい。

> 西田 善行. テレビが記録した「震災」「原発」の3年：メタデータ分析を中心に. 『サステイナビリティ研究』 5, 125-143, 2015-03 法政大学サステイナビリティ研究所

問55. この文献は、『サステイナビリティ研究』5号のp.125-143に掲載されている。

問56. この文献をNACSIS-ILLで書誌検索する場合、タイトルの検索キーとして「テレビ　記録　メタデータ」は正しい検索キーである。

問57. この文献をCiNii Articlesで検索する際、「震災」「原発」をキーワードにする場合には、必ず「」を加える必要がある。

問58. この文献をCiNii Articlesで検索した結果、図2のようなアイコンが表示された。この場合、アイコンをクリックした先のページで、だれでも本文を利用することができる。

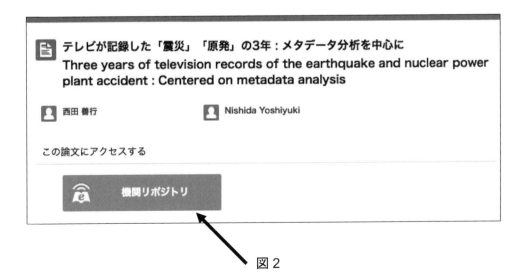

図2

● 次の文献について、以下の問いに答えなさい。

> 奥村大介. 書評＜知識の政治学＞から＜文化の詩学＞へ：金森修『知識の政治学』. 情況. 第四期：変革のための総合誌. 4(10), 187-194, 2016-12.

問59. この文献は、雑誌記事であり、著者は奥村大介と金森修の2名である。

問60. この文献を複写依頼する前に、書誌事項が正しいかを確認するために、CiNii Books を利用するのは有効である。

問61. この文献を NACSIS-ILL で書誌検索する場合、タイトルの検索キーとして「知識の政治学」と入力するのは適切である。

問62. この文献を NACSIS-ILL で複写依頼をするときに、所蔵巻号で絞り込む場合は所蔵巻次（HLV）フィールドに「第四期」と入力する。

問63. 利用者がこの雑誌の第三期の所蔵館の調査を依頼してきた場合、以下の書誌レコードで、所蔵の絞り込みをすればよい。

```
SERIAL
GMD: SMD: YEAR:2000 2011 CNTRY:ja TTLL:jpn TXTL:jpn ORGL:
REPRO: PSTAT:d FREQ:b REGL:r TYPE:p
ISSN: CODEN: NDLPN: LCCN: ULPN: GPON:
TR:情況. 第三期||ジョウキョウ. ダイ3キ
VLYR:1巻1号（2000.10）-11巻15号（2011.10・11）＝通巻1号（2000.10）-通巻105号（2011.10・11）
PUB:東京：情況出版, 2000-2011.10
PHYS:冊；21cm
VT:CL：月刊情況. 第三期||ゲッカン ジョウキョウ. ダイ3キ
VT:OH：変革のための総合誌：situation||ヘンカク ノ タメ ノ ソウゴウシ
NOTE:刊行頻度の変更: 月刊（1巻1号（2000.10)-)→隔月刊（-11巻15号（2011.10・11））
NOTE:タイトル関連情報の追加・変更: 変革のための総合誌：situation（4巻9号（2003.10)-6巻7号（2005.8/9））→表示なし（6巻8号（2005.9））→situation（6巻9号（2005.10/11））→表示なし（7巻1号（2006.1・2）-8巻7号（2007.11・12））→変革のための総合誌（9巻1号（2008.1・2）-11巻15号（2011.10・11））
FID:41288200
BHNT:CF:情況. 第二期 / 情況出版株式会社編 <AN10404965>
BHNT:CS:情況. 第四期：変革のための総合誌 <AA12549468>
```

● 次の文献について、以下の問いに答えなさい。

> ヱﾞニスの商人 （沙翁全集 ： 逍遥訳シェークスピヤ全集）坪内逍遥の翻訳の読み方について

問64. この文献を漏れなく検索したい場合、「ヱﾞニス」「ベニス」「ヴェニス」を論理和（OR）による論理演算を用いるのが適切である。

問65. 実際にどう読まれていたか知るため、国立国会図書館「歴史的音源」を調査したところ「朗讀　沙翁劇　ヱﾞニスの商人」がヒットした。ヒットした音源はすべてインターネットで公開されている。

問66. 国立国会図書館「歴史的音源」に収録されているということは、国内でSP盤が発行されたと想定できる。

＊問67. 国立国会図書館蔵書検索・申込システム（NDL-OPAC）では、録音映像資料に限定して検索することができるが、CiNii Booksでは録音資料のみを検索することはできない。

問68. 録音資料を探す場合に、NHKアーカイブスのデータベースでヒットした番組は全て無料公開されている。

● 次の文献について、以下の問いに答えなさい。

> FANG, Meng; YIN, Jie; ZHU, Xingquan. Knowledge Transfer for Multi-labeler Active Learning. In: *Proceedings of the European Conference on Machine Learning and Knowledge Discovery in Databases*-Volume 8188. Springer-Verlag New York, Inc., 2013. p. 273-288.

問69. 図3はACM Digital Libraryの検索結果である。ISBNはこの図書の標準番号で、DOIはこの論文に付与された標準番号である。

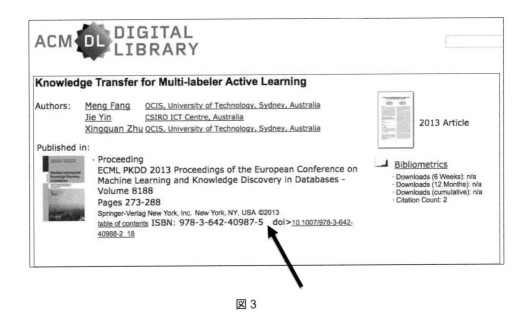

図3

問70. この文献を入手するためにCiNii Articlesを検索することは有効な手段である。

問71. この文献をNACSIS-ILLで書誌検索する場合、著者名の検索キーとして「FANG, Meng」は正しい検索キーである。

問72. CiNii Books で検索すると下記の書誌がヒットした。この書誌レコードから、この図書は3分冊で刊行され、「Lecture notes in computer science」シリーズの 8188 から 8190 にあたることがわかる。

> Machine learning and knowledge discovery in databases : European Conference, ECML PKDD 2013, Prague, Czech Republic, September 23-27, 2013 : proceedings Hendrik Blockeel, Kristian Kersting, Siegfried Nijssen, Filip Železný (eds.)
> （Lecture notes in computer science, 8188-8190 . Lecture notes in artificial intelligence）
> Springer, c2013
> pt. 1 pt. 2 pt. 3
> タイトル別名　ECML PKDD 2013

問73. 図4は Google で検索した結果である。Springer から出版された版以外に、①の学会 ECML PKDD にアップされた版や、②の著者の所属する機関リポジトリの版が存在することが URL からわかる。

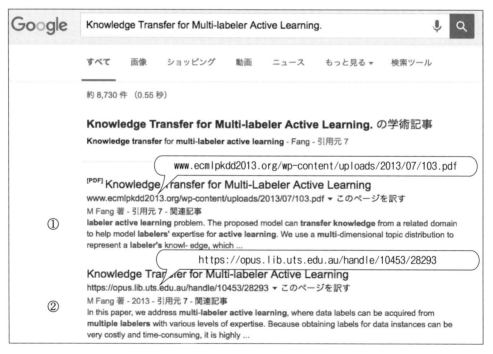

図4

● 次の文献について、以下の問いに答えなさい。

> "The Referendum and democracy". The Times Literary Supplement. no. 5910-5911. July, 2016,
>
> (Referendum: 国民投票の意味)

問74. この文献を NACSIS-ILL で書誌検索する場合、タイトルの検索キーとして「referendum democracy」は正しい検索キーである。

問75. The Times Literary Supplement は、London Times の別冊として創刊された文芸・文化批評誌である。

問76. 掲載箇所を特定するページが不明なため、NACSIS-ILL で文献複写を依頼することはできない。

問77. 所蔵館を調べるために NACSIS-CAT で検索したところ、下記の書誌レコードがヒットしたが、2016年の所蔵館はなかった。この調査方法は適切である。

> **SERIAL**
> **GMD: SMD: YEAR:**1902 1968 **CNTRY:**uk **TTLL:**eng **TXTL:**eng **ORGL:**
> **REPRO: PSTAT:**d **FREQ:**w **REGL:**r **TYPE:**p
> **ISSN:**00407895 **CODEN: NDLPN: LCCN:**89007753 **ULPN:**T0271OY **GPON:**
> **TR:**The Times literary supplement
> **VLYR:**1st year, no. 1 (Jan. 17, 1902)-67th year, no. 3487 (Dec. 26, 1968)
> **PUB:**London : Times Newspapers , 1902-1968
> **PHYS:**67 v. : ill. ; 45-48 cm
> **VT:**UT : Times (London, England)
> **VT:**AB : Times lit. suppl (1902)
> **VT:**KT : Times literaty supplement (1902)
> **NOTE:**Title from Masthead
> **FID:**40619900
> **BHNT:**CS : TLS, the Times literary supplement <AA10489671>
> **SH:**LCSH : Books -- Reviews -- Periodicals // K

● 次の文献について、以下の問いに答えなさい。

> Nicholas de Ville. "The Inter-disciplinary Filed of Fine Art". The Artist and the Academy : Issues in Fine Art Education and Wider Cultural Context, eds N. de Ville and S Foster. Southampton, John Hansard Gallery, 1994. pp77-103

問78. この文献は、雑誌論文で著者は Nicholas de Ville 1 名である。

問79. この文献を NACSIS-ILL で検索する場合、タイトルの検索キーとして「art」「wider」「context」は有効な検索キーである。

問80. この文献について、他大学図書館の所在は、CiNii Articles で調査することができる。

問81. 図 5 はこの文献について「Nicholas de Ville」の検索キーで OCLC の WorldCat を検索した結果の画面である。この文献は印刷体の図書の他に電子書籍版も存在することが確認できる。

詳細	
その他のフォーマット：	Online version: Artist and the academy. Southampton : John Hansard Gallery, ©1994 (OCoLC)649572041
ドキュメントの種類：	図書
すべての著者/寄与者：	Nicholas De Ville; Stephen C Foster; John Hansard Gallery. 🔍 この著者についてさらに詳しく： Nicholas De Ville 検索
ISBN：	0854325093 9780854325092
OCLC No.：	33279213
注記：	Text based on the conference "The Artist and the Academy: European Perspectives on Today's Fine Art Education", held at Chilworth Manor, University of Southampton on 9th and 10th December 1993.
物理形態：	151 pages : illustrations ; 21 cm
責任者：	edited by Nicholas de Ville and Stephen Foster.

図 5

＊問82. この文献の文献複写をグローバル ILL で北米の図書館に依頼する場合、支払には IFLA バウチャーを使用することができる。

● 次の文献について、以下の問いに答えなさい。

> Martinez-Una M.,et al. S-Adenosylmethionine increases circulating very-low density lipoprotein clearance in non-alcoholic fatty liver disease. J. Hepatol. 2015 Mar.62(3):673-81. doi: 10.1016/j.jhep.2014. 10.019. Epub2014 Oct. 18.

問83. この文献は、雑誌論文であり、電子版では 2014.Oct.18 に出版されている。

問84. この文献の本文を入手するため PubMed で検索し、結果一覧から詳細確認画面を表示したところ、図6が表示された。Full text links のボタンが[ELSEVIER OPEN ACCESS]と[PMC FULL TEXT]二つ表示されたが、論文の無料のフルテキストは[PMC FULL TEXT]でしか入手できない。

図6

問85. この文献と同一主題で、日本語で書かれた文献を探すためには、医中誌 Web を利用することは有効である。（non-alcoholic fatty liver disease ＝非アルコール性脂肪肝）

問86. PubMed で使用される医学件名の MeSH を日本語に翻訳したのが JDreamIII の JMEDPlus ファイルで使用される JST シソーラスである。

問87. 治療薬の構造や、活性についての文献を検索する場合は、CAS ファイルと MEDLINE ファイルの両方を検索できる SciFinder のデータベースを利用することも有効である。

● 次の文献について、以下の問いに答えなさい。

> RJ Gropper, R Tannock. A Pilot Study of Working Memory and Academic Achievement in College Students With ADHD. J Atten Disord, May 2009 vol.12 no.6 574-581

問88. この文献の著者は、RJ Gropper, R Tannock の2名である。

問89. この文献を NACSIS-ILL で複写依頼をするために、所蔵巻号で絞り込む場合は所蔵巻次（HLV）フィールドに「12(6)」と入力する。

問90. この文献を Google Scholar で検索したところ、図7のような検索結果が表示された。この図の Cited by 105 をクリックすると、この論文が引用している文献のリストが表示される。

```
A pilot study of working memory and academic achievement in
college students with ADHD
RJ Gropper, R Tannock - Journal of Attention Disorders, 2009 - jad.sagepub.com
Objective: To investigate working memory (WM), academic achievement, and their
relationship in university students with attention-deficit/hyperactivity disorder (ADHD).
Method: Participants were university students with previously confirmed diagnoses of ...
Cited by 105   Related articles   All 5 versions   Cite   Save
```

図7

問91. 上の図の Cite をクリックすると、引用文献リストを作成する際の代表的なスタイルでの記述例が表示され、また、RefWorks などの文献管理ツールに取り込むためのリンクも表示される。

● 次の文献について、以下の問いに答えなさい。

> 平成 19 年 11 月 8 日の最高裁判所第一小法廷（平成 18 年（受）第 826 号）判決の判例評釈を探したい。

問92. 判例評釈とは、ある判決について意義やその判例が適用される範囲、問題点などについて述べたものである。

問93. 判例評釈は、判例評釈誌、法律総合雑誌、紀要、学会誌等に掲載される。

問94. 国立国会図書館サーチの詳細検索では、裁判年月日を検索キーとすることはできない。

問95. 図8は国立国会図書館サーチで検索した雑誌・論文の判例評釈記事である。掲載誌情報(URI形式)のフィールドは、機関リポジトリのフルテキスト画面のURLにリンクしている。

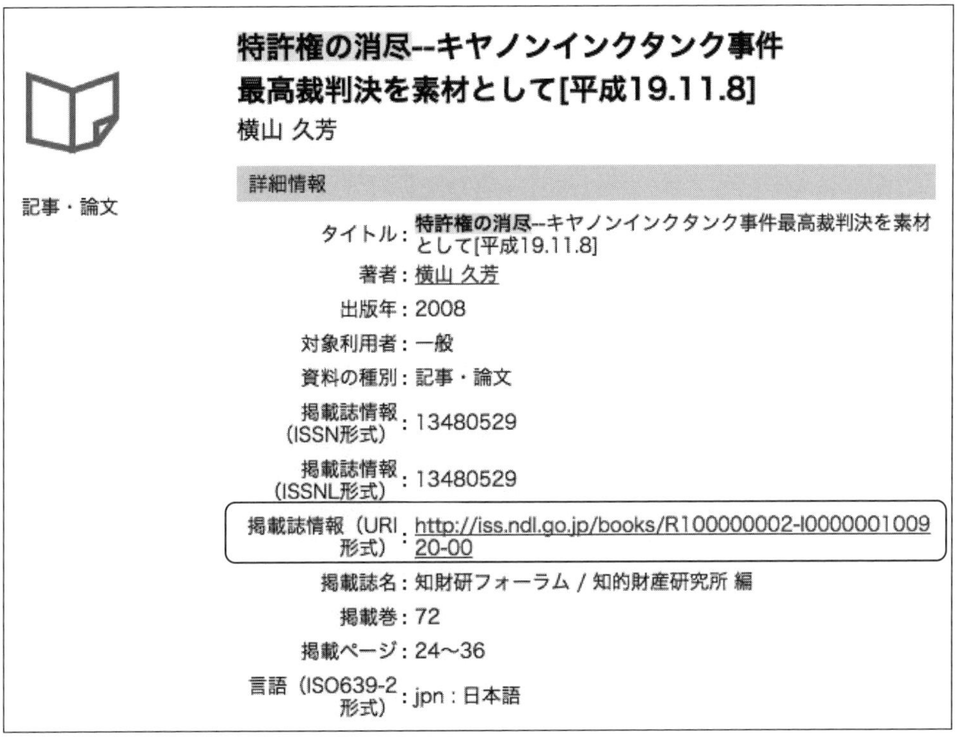
特許権の消尽--キヤノンインクタンク事件最高裁判決を素材として[平成19.11.8]
横山 久芳

記事・論文

詳細情報

タイトル：	特許権の消尽--キヤノンインクタンク事件最高裁判決を素材として[平成19.11.8]
著者：	横山 久芳
出版年：	2008
対象利用者：	一般
資料の種別：	記事・論文
掲載誌情報（ISSN形式）：	13480529
掲載誌情報（ISSNL形式）：	13480529
掲載誌情報（URI形式）：	http://iss.ndl.go.jp/books/R100000002-I000000100920-00
掲載誌名：	知財研フォーラム / 知的財産研究所 編
掲載巻：	72
掲載ページ：	24～36
言語（ISO639-2形式）：	jpn : 日本語

図8

問96. 判例評釈が、検索できる有料データベースとしては、D1-law, Westlaw Japanなどがある。

● 次の文献について、以下の問いに答えなさい。

「ノーベル賞」に関する文献収集を行うことになった。

問97. CiNii Books の簡易検索で文献を検索する場合、フリーワードに「ノーベル賞」と入力する場合と、「ノーベル*」と入力する場合とでは、後者の方のヒット件数が多くなる。

問98. CiNii Books の簡易検索で文献を検索する場合、フリーワードに「nobel prize」と入力する場合と、「"nobel prize"」と入力する場合とでは、後者の方がヒット件数が多くなる。

問99. 国立国会図書館サーチを用いて「ノーベル賞」を検索したところ、図9のようになった。この図の「レファレンス情報」をクリックすると、事典等での掲載情報の他、レファレンス協同データベースでの情報も見ることができる。

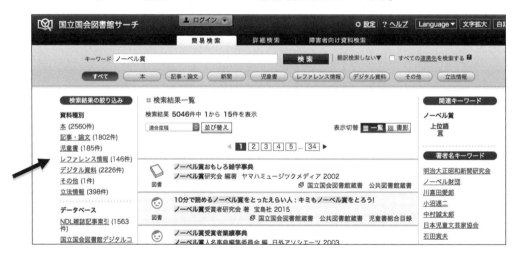

図9

問100. 国立国会図書館サーチを用いれば、「ノーベル賞」に関する新聞記事も網羅的に検索することができる。

(終わり)

153

IAAL 大学図書館業務実務能力認定試験

「情報サービス－文献提供」　第6回（2017年11月5日）

試験問題

- 「情報サービス－文献提供」では、情報サービスの業務で必要な、文献提供についての実務能力を評価します。
- この問題冊子に収録された問題は、2017年10月1日現在の各種情報源のデータやサービス内容に準拠して、作成しています。

注意事項

1. **指示があるまで開いてはいけません。**
2. 問題は100題で、解答時間は50分です。
3. 設問の番号と解答用紙の番号は対になっています。設問に対応する解答にマークされているか、十分注意してください。
4. この試験問題は、後で回収します。切り取ったり、転記したり、持ち帰ったりしてはいけません。
5. 解答用紙は機械処理しますので、折ったり曲げたりしないでください。

「*」がついている問いは、終了もしくは変更が生じたサービスが含まれているため、2018年4月時点では問題文として成立しないものです。

NPO法人大学図書館支援機構

以下の100問について、正しい場合はマークシート欄の〇を、間違っている場合はマークシート欄の×をぬりつぶしてください。

I. 基礎問題

問1. CiNii Books に、著者詳細表示画面からバーチャル国際典拠ファイル:VIAF（Virtual International Authority File）の著者ページに直接移動できる連携機能が追加された。

問2. JPCOAR（Japan Consortium for Open Access Repository）は、電子ジャーナルのコンソーシアムとして学術情報を、安定的・継続的に確保して提供するための活動を推進している。

問3. OpenDOAR とは、機関リポジトリの世界的ディレクトリである。

問4. データジャーナルとは、研究データそのものの解説を論文として掲載するもので、その多くはオープンアクセス誌として刊行されている。

問5. 大学の医学部図書館が、他の病院に設置された図書館から資料を借り受けた場合、その資料の複製を行うことはできない。

問6. 論文への DOI 付与は日本では JaLC に申し込みすればよい。

問7. 図書館では、「複製物の写り込みに関するガイドライン」によって、どのような資料でも、写り込みによる複写が許容されている。

問8. 国立国会図書館の遠隔複写サービスでは、国立国会図書館の所蔵資料がサービスの対象だが、電子ジャーナルは、サービス対象外資料である。

問9. 科学研究費助成事業データベース(KAKEN)では、研究課題に加えて、事業に携わっている研究者を検索することもできる。

問10. Web で DOI によって情報を検索する際には、"https://doi.org/" の後に DOI をつけた URL を指定する。

問11. 平成29年3月の電子図書館（NII-ELS）事業の終了に伴い、CiNii Articles におけるすべて学協会の電子化事業は J-STAGE に移行された。

問12. 平成29年3月の電子図書館（NII-ELS）の事業終了に伴い、CiNii Articles の機関定額制と従量制課金(PPV)は終了した。

問13. CiNii Books の検索結果画面に国立国会図書館デジタルコレクションへのリンクが追加され、CiNii Books に情報が収録されている図書・雑誌について、国立国会図書館デジタルコレクションで一般公開されている資料の本文には、検索結果画面から直接アクセスして閲覧することができる。

問14. 国立国会図書館デジタルコレクションには雑誌の本文は含まれない。

問15. 独立行政法人医薬品医療機器統合機構(PMDA)のサイトで、一般医薬品や医療用医薬品の添付文書を無料で検索することができる。

問16. CiNii Dissertations では、日本国内で授与された博士論文および修士論文を検索できる。

問17. 日本の特許情報は、特許情報プラットフォーム(J-PlatPat)以外では検索できない。

問18. 日本規格協会の JSA Webdesk では、JIS 規格だけでなく、ISO 規格も検索できる。

問19. CiNii Articles では、スラッシュで文字を括ることで、完全一致検索ができる。

問20. CiNii Articles と国立国会図書館デジタルコレクションとのデータ連携が開始された。

問21. CiNii Articles を利用すると日本の博士論文について、論文を所蔵している機関を調べることができる。

問22. ERDB-JP（Electronic Resources Database-JAPAN）に収録されている電子リソースの書誌情報とアクセス情報は、CiNii Books で検索ができる。

問23. 日本の古典籍の所蔵を調べるには、国立情報学研究所の日本古典籍総合目録データベースを利用する。

問24. NACSIS-ILL で電子ジャーナルに対しての ILL 対応の可否は、所蔵レコードの CPYNY フィールドに記録されることになっている。

問25. NACSIS-ILL のシステムを通して、OCLC 参加館や米国議会図書館（Library of Congress）に文献複写依頼を行うことができる。

問26. NACSIS-ILL の書誌検索において、タイトルに「医療・健康情報サービス」と検索しても「医療健康情報サービス」と検索しても結果は同じである。

問27. NACSIS-ILL の料金相殺システムに参加している機関には、年2回相殺結果通知書が送付される。

*問28. グローバル ILL で日米間の料金決済は NII に申込みすれば、第三者機関への手続きはしなくともよい。

問29. NACSIS-ILL システムでは、受付館から照会を受け取り、次候補館がある場合は、転送[FORWARD]処理を行うことができるが、受付館が回答を求めている場合は、次候補館へ転送せず、必ず回答しなければならない。

問30. NACSIS-ILL システムでは、返却された資料に問題があり依頼館に連絡する処理と、貸出期間延長の申込（更新請求）に対して可否を回答する処理は、どちらも[CLAIM]コマンドで行う。

II. 応用問題

(1)応用問題（基本辞書）

問31. 江戸の戯作者の様々な別名とその読みを調べるには、日本古典籍総合目録データベースを用いることは有効である。

問32. ジャパンナレッジ Lib には、日本の百科事典や日本語の辞書は収録されているが、英和・和英の辞典は収録されていない。

問33. アジア全域にわたる諸分野の全集・名著の集大成である『東洋文庫』はデジタル版を国立国会図書館サーチで利用できる。

問34. 『新・国史大年表』は1巻の古代－1000年から9巻の1965年－2012年までの国の歴史を要約した「読める」年表とも言える資料で、国書刊行会から刊行されている。

問35. 『国書人名辞典』 市古貞次ほか編は、『国書総目録』に収録されている著編者で伝記の判明している人物の氏名とその読み・生没年・号・経歴・著作が調べられる。

問36. 電子政府の総合窓口「e-Gov」では、現在施行されている法令（憲法、法律、政令、勅令、府令、省令、規則）を検索できるが、法令データが官報で掲載された内容と異なる場合には、官報が優先される。

問37. 政府統計の総合窓口「e-Stat」では、日本の政府統計を閲覧できるが、入手できる統計データの加工は許されていない。

問38. 大修館書店発行の『廣漢和辞典』は上中下巻と別巻からなり、漢字の語源的詳細説明や、漢詩文の語彙の採録、漢籍を引用した、返り点・送り仮名による読解の便宜を図っている点に特徴があり、筆頭の著者は、大漢和辞典と同じく諸橋漸次である。

問39. 学問分野や技術領域独自の学術語を調べるには、文部省（現文部科学省）と各学会等との共編シリーズの『学術用語集』がある。

問40. 『学術用語集』は、国立情報学研究所の学術研究データベースディレクトリに収録されているオンライン学術用語集（Sciterm)によって横断的に検索することができる。

(2)応用問題(総合)

● 次の文献について、以下の問いに答えなさい。

福澤諭吉著．富田正文校注．福翁自伝．慶応義塾大学出版会，2001

＊問41. NDL-OPAC でこの文献を検索したところ、図１のような文献がヒットした。この文献に該当するのは５である。

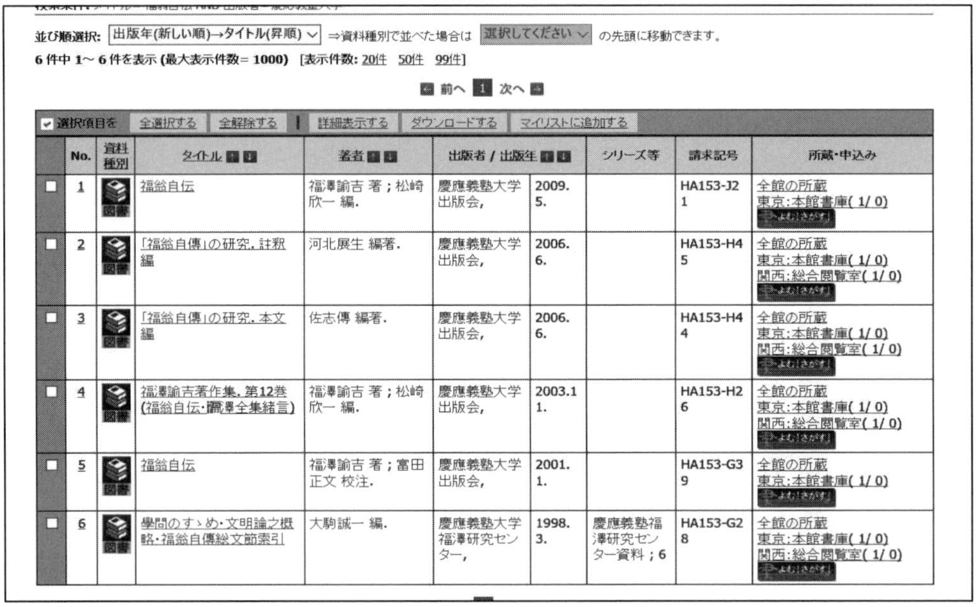

並び順選択: 出版年(新しい順)→タイトル(昇順) ⇒資料種別で並べた場合は 選択してください の先頭に移動できます。

6 件中 1～ 6 件を表示 (最大表示件数= 1000) [表示件数: 20件 50件 99件]

前へ 1 次へ

選択項目を 全選択する 全解除する | 詳細表示する ダウンロードする マイリストに追加する

No.	資料種別	タイトル	著者	出版者 / 出版年		シリーズ等	請求記号	所蔵・申込み
1	図書	福翁自伝	福澤諭吉 著；松崎欣一 編.	慶應義塾大学出版会,	2009.5.		HA153-J21	全館の所蔵 東京:本館書庫(1/ 0)
2	図書	「福翁自傳」の研究. 註釈編	河北展生 編著.	慶應義塾大学出版会,	2006.6.		HA153-H45	全館の所蔵 東京:本館書庫(1/ 0) 関西:総合閲覧室(1/ 0)
3	図書	「福翁自傳」の研究. 本文編	佐志傳 編著.	慶應義塾大学出版会,	2006.6.		HA153-H44	全館の所蔵 東京:本館書庫(1/ 0) 関西:総合閲覧室(1/ 0)
4	図書	福澤諭吉著作集. 第12巻(福翁自伝・福澤全集緒言)	福澤諭吉 著；松崎欣一 編.	慶應義塾大学出版会,	2003.11.		HA153-H26	全館の所蔵 東京:本館書庫(1/ 0) 関西:総合閲覧室(1/ 0)
5	図書	福翁自伝	福澤諭吉 著；富田正文 校注.	慶應義塾大学出版会,	2001.1.		HA153-G39	全館の所蔵 東京:本館書庫(1/ 0)
6	図書	學問のすゝめ・文明論之概略・福翁自傳総文節索引	大駒誠一 編.	慶應義塾大学福澤研究センター,	1998.3.	慶應義塾福澤研究センター資料；6	HA153-G28	全館の所蔵 東京:本館書庫(1/ 0) 関西:総合閲覧室(1/ 0)

図１

問42. NACSIS-ILL で書誌検索する場合の検索語として、「福澤，諭吉」を SH フィールドに入力すると、検索語が件名として索引されている書誌レコードがヒットする。

問43. 図2はCiNii Booksでこの文献を検索してヒットした書誌詳細画面である。この「図書・雑誌を探す」に表示されている「Webcat Plus」「国立国会図書館サーチ」「カーリル」「WorldCat」の各アイコンをクリックすると、同じ検索語でそれぞれのデータベースを検索することができる。

図2

問44. 図3はWorldCatでこの文献を検索した場合の書誌詳細画面である。ポップアップウィンドウのMLAスタイルに合わせて引用文献の書誌情報をエクスポートできる。

図3

● 次の文献について、以下の問いに答えなさい。

> 海道ノブチカ．"経営学史研究の意義と方法"．経営学史研究の興亡．文眞堂，2017, p.32 -46, (経営学史学会年報 ; 第24輯)

問45. この文献が掲載されている資料は、『経営学史研究の興亡』というタイトルの図書と捉えることもできるし、『経営学史学会年報』というタイトルの逐次刊行物と捉えることもできる。

問46. この文献が掲載されている資料を図書と捉えた場合、「経営学史学会年報」というシリーズの第24輯にあたる。

＊**問47.** この文献の国内所蔵館を網羅的に調べるために、NDL-OPAC を使うのは有効である。

問48. この文献の複製物を、電子メールに添付して利用者に提供することは、たとえ著者の許諾があったとしても、著作権法上、図書館で行ってはならない。

● 次の文献について、以下の問いに答えなさい。

> 『アルカイダから古文書を守った図書館員』ジョシュア・ハマー著，梶山あゆみ訳（英語からの翻訳）の原本について

問49. この和図書の書誌情報が NACSIS-CAT にある場合、原本のタイトルは CiNii Books では「タイトル別名」として表示され、原本のタイトルをクリックすると、原本の書誌所蔵情報にリンクしている。

＊問50. NDL-OPAC や CiNii Books で原本を検索する場合の検索語として、「ジョシュア・ハマー」より原綴りの「Hammer, Joshua」の方が適切である。

問51. amazon で「なか見！検索」をクリックして標題紙裏に ISBN が 3 通りあることがわかった（図 4）。これらは、ハードカバー、ペーパーバック、電子ブックの ISBN である。

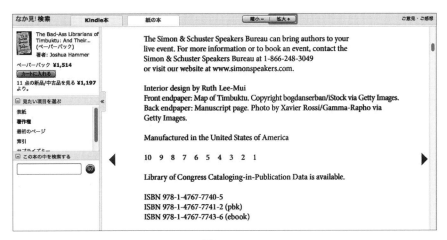

図 4

問52. これら ISBN の冒頭の 978-1-4767-は、和図書『アルカイダから古文書を守った図書館員』にも、同じ番号が付与されている。

● 次の文献について、以下の問いに答えなさい。

> Andrew Revell & Sue Polanka. "Reading transformed by the mobility of ebooks". Thomas a. Peters, Roli Bell, eds. The handheld library : mobile technology and the librarian. Libraries Unlimited, an imprint of ABC-CLIO, LLC, [2013]

問53. この文献は図書であり、この章の著者は 2 名である。

問54. NACSIS-CAT でこの文献を検索する場合、タイトルの検索キーとして「reading mobile ebooks」は適切な検索キーである。

＊問55. この文献を Library of Congress の Library Catalog で検索したところ、所蔵を確認することができた。NACSIS-ILL の日米間グローバル ILL を通して LC に複写を依頼することができる。

＊問56. NACSIS-ILL の日米間のグローバル ILL では、IFLA クーポンによる支払いが可能である。

問57. 図書中の各章のタイトルと著者が NACSIS-CAT の CW フィールドに記述されている場合には、各章のタイトルや著者で検索することができる。

● 次の文献について、以下の問いに答えなさい。

> 宮崎かすみ研究代表「19世紀イギリスにおける性的倒錯の文学的表象についての研究」（科学研究費補助金（基盤研究C)研究成果報告書）2006.6

問58. KAKEN（科学研究費助成事業データベース）では、すべての研究成果報告書がインターネット公開されているため、KAKENの検索結果から、この報告書の本文を入手することは可能である。

問59. この報告書（冊子体）の大学図書館での所蔵館を調べる場合、CiNii Booksを使うとよい。

問60. 科研費の研究成果報告書は、公開が義務付けられているため、著書の許諾なく全頁複写も行うことができる。

問61. NACSIS-CAT/ILLを使って所蔵を調べる場合、タイトルの検索キーとして、「イギリス　科学研究費補助金」は正しいキーワードである。

● 次の文献について、以下の問いに答えなさい。

> Zhou, Qi-Lu. : Ground and Excited State Nonlinear Optical Properties of Conjugated Organic Systems. Ph.D. Thesis, University of Pennsylvania, 1993. 265 p.

問62. この文献は「Ph.D. Thesis」とあることから、博士論文であることがわかる。

問63. 国内にこの文献を所蔵しているところを調べるために、CiNii Dissertation を検索する方法は有効である。

問64. この文献が国立国会図書館で閲覧可能か調べるために、国立国会図書館サーチを検索する方法は有効である。

問65. アメリカの学位論文は、直接学位授与機関の図書館に ILL を依頼する以外に文献を入手する方法はない。

● 次の文献について、以下の問いに答えなさい。

> 加藤裕. 辺野古訴訟の背景 : なぜ沖縄県が国と訴訟で争わざるをえないのか（特集 : 沖縄・辺野古と法）法学セミナー 62(8), 13-17, 2017-08

問66. この文献は、雑誌論文で著者は1名である。

問67. この文献の所蔵をしらべるために、CiNii Books を検索することは適切な方法である。

問68. この文献の被引用先を調べるために、国立国会図書館の日本法令索引を検索するのは有効である。

問69. この論文の内容の「辺野古訴訟」についての判例を調べるために、LEX/DB データベースを利用することは有効である。

● 次の文献について、以下の問いに答えなさい。

> 藤尾直史. 木材切削加工と調達 日本建築学会北陸支部研究報告集 (59), 613-616, 2016-07

問70. この文献は、「日本建築学会北陸支部研究報告集」の 59 号に掲載されている。

問71. この文献の電子資料が無料で公開されているかどうかを確認する場合、CiNii Articles を用いることは有効である。

*問72. NDL-OPAC で検索すると、以下の書誌がヒットした。この書誌は、この文献の掲載誌の書誌として正しい。

資料種別	雑誌
請求記号	Z16-982
タイトル	日本建築学会北陸支部研究報告集 = Proceedings of Annual Meeting of Hokuriku Chapter, Architectural Institute of Japan /
タイトルよみ	ニホン ケンチク ガッカイ ホクリク シブ ケンキュウ ホウコクシュウ = Proceedings of Annual Meeting of Hokuriku Chapter, Architectural Institute of Japan /
責任表示	日本建築学会北陸支部研究委員会 編.
並列タイトル	Proceedings of Annual Meeting of Hokuriku Chapter, Architectural Institute of Japan
巻次・年月次	[6 号]-55 号 (2012)
出版事項	金沢 : 日本建築学会北陸支部, [1960]-2012.
形態/付属資料	冊 ; 26-30cm.
---------------------------------- (中略) ----------------------------------	
刊行状態	d：刊行終了
国名コード	ja
書誌 ID	000000030029
所蔵情報	18 号 (昭和 51 年 2 月)-55 号 (2012)

問73. NACSIS-ILL を使って複写依頼を申し込む場合、著者の検索キーとして、「藤尾　直史」は有効である。

● 次の文献について、以下の問いに答えなさい。

> Culley, Jonathon. "Roald Dahl—"It's about children and it's for children"-but is it suitable?." Children's Literature in Education 22.1 (1991): 59-73.

問74. この文献の著者は「Roald Dahl」である。

問75. この文献を入手するため、Children's Literature in Education の所蔵館を CiNii Books で調べることは適切な方法である。

問76. NACSIS-ILL で書誌検索する際、「childrens literature」は正しい検索キーである。

問77. NACSIS-ILL で所蔵の絞り込みをする際、HLV を「22」と指定すると、Vol. 22 をすべて所蔵するところのみヒットする。

問78. Springer Link にこの文献の情報があり、「Buy (PDF)」（図5）が表示されていた。この論文単位の購入方法を pay per veiw という。

図5

● 次の文献について、以下の問いに答えなさい。

> Wakai, K., Inoue M., Mizoue T., et.al. Tobacco smoking and lung cancer risk: an evaluation based on a systematic review of epidemiological evidence among the Japanese population. Jpn. J. Clin. Oncol. 2006; 36(5): 309-324

問79. この文献は雑誌論文で、著者は3名である。

問80. この文献の掲載誌の所蔵を検索し、文献複写を依頼するために、NACSIS-ILLを利用するのは適切である。

問81. NACSIS-ILLで書誌検索する際、「clin* oncol*」はタイトルの正しい検索キーである。

問82. 「Jpn. J. Clin. Oncol.」は雑誌の略タイトルであるが、雑誌タイトルの略し方には、ISO方式やNLM方式などがある。

問83. この文献をCiNii Articlesで検索したところ、「この論文をさがす」のアイコンとして医中誌Webが表示された。これはこの文献が医中誌Webに採録されていることを意味する。

● 次の文献について、以下の問いに答えなさい。

> 障害者の権利に関する条約　(Convention on the Rights of Persons with Disabilities)（2006年12月13日国連総会採択）（日本では平成26年条約第1号として公布）

問84. この条約は、国連総会で採択されているため、条文を調べるために、「国際連合条約集」(United Nations Treaty Series) にあたることは有効である。

問85. 国連で採択された多数国間条約の条文は、英文でのみ公開されている。

問86. 日本はこの条約に署名しており、平成26年条約第1号として「官報」に掲載されているが、インターネット版「官報」は、最近30日間分しか閲覧できないため、この条約の条文を確認することはできない。

問87. この条約が掲載されている「官報」の冊子体の所蔵をNACSIS-ILLで調べるには、HLYRに2014を入力して絞り込むと良い。

● 次の文献について、以下の問いに答えなさい。

> 1960年代のアメリカの農産物価格を調べるため「Agricultural prices」を通覧したい。

問88. e-Statの「統計データを探す」を検索するのは有効な方法である。

問89. CiNii Booksを検索したところ、探している書誌レコードと同定できる次のような書誌レコードがヒットした。この注記から、1961年から1977年および少なくとも1981年7月からはCrop Reporting Board, Statistical Reporting Serviceから刊行されたことがわかる。

> 書誌事項
> **Agricultural prices**
> United States Department of Agriculture, Statistical Reporting Service, Crop Reporting Board
> タイトル別名　Agric. prices (Wash. D.C.)
> 　　　　　　　Agricultural prices (Washington, D.C.)
> 注記
> Description based on: Dec. 15, 1973
> Title from caption
> VLYR of LC MARC: July 29, 1942-
> Vols. for June 1942-Oct. 1953 issued by: Bureau of Agricultural Economics; Nov. 1953-Mar. 1961 by: Agricultural Marketing Service; Apr. 1961-1977 and <July 1981- > by: Crop Reporting Board, Statistical Reporting Service--Cf. LC MARC

問90. この書誌レコードの注記に「Title from caption」とあることから、記述根拠号（Dec. 15, 1973）の現物には、表紙や標題紙がない資料だと推測できる。

問91. CiNii Books の検索結果に「電子リソースにアクセスする」が表示された（図6）。ここをクリックすると、出版者のデータベースにリンクしている。

図6

問92. 「電子リソースにアクセスする」の各行にパブリック・ドメイン・マーク1.0のマークが表示された。これば複写利用禁止のマークである。

● 次の文献について、以下の問いに答えなさい。

> 教育ニ関スル勅語（教育勅語）について調べることになった。

*問93. 過去のレファレンス事例を調べるために、国立国会図書館のNDL-OPACを検索することは有効である。

問94. 国立国会図書館サーチで「教育ニ関スル勅語」で検索した結果、図7のように表示された。この結果の「レファレンス情報」（図中（ア））をクリックすると、JapanKnowledgeやレファレンス協同データベースでの検索結果（見出し語まで）が表示される。

図7

問95. 図中（イ）の資料は、国立国会図書館内に加え、国立国会図書館デジタル化資料送信サービス参加館で閲覧することができる。

問96. 国立国会図書館では、各種新聞のデータベースを利用できるため、教育勅語に関する新聞記事をデータベース上で閲覧できるが、プリントアウトは許されていない。

● 次の文献について、以下の問いに答えなさい。

> 若年性乳がんについての文献を調べたい。

問97. この主題の文献検索の際、医中誌Webの医学用語シソーラスを検索して対応する英語のPubMedのMeSHタームを調べることができる。

問98. データベース検索では、一般的に単語単位でスペースで区切って入力すると論理積の検索となるが、乳がんを意味する"breast cancer"のように二つの単語が繋がっている場合には、複合語であることを意味する記号（例えばダブルクォーテーションマーク（" "））で囲むと絞り込むことができる。

問99. 日本国内発行の医学文献を検索するには、JDream III は科学文献主体のため不適切である。

問100. 学術分野で評価の高い雑誌は、掲載前に審査員による審査を受けていることが多い。これをピア・レビュー（査読）という。

（終わり）

あとがき

　IAAL大学図書館実務能力認定試験の「情報サービス－文献提供」は，大学図書館業務の中で最も鮮度が要求される部分を扱っています。利用者が求めている資料・文献を提供するための手段は，常に新たな情報サービスの知識に支えられていますので，これは図書館の鮮魚部門と言っても良いでしょう。例えば以前は大変入手が困難だった博士学位論文や古典籍や貴重書の本文情報がデジタル化され，また機関リポジトリの普及等でオープンアクセス・オープンサイエンスにより，インターネットを通して直接入手できる文献・情報が増えて，情報システムも次々に更新されてきます。いかに迅速に，的確な情報提供ができるかのスキルを評価するための試験ですから，求められる知識も新鮮でなければなりません。

> 「情報」は生ものです。
> 消費期限切れにご注意ください。

　第1回（2012年11月実施）から第6回（2017年11月実施）までの過去問題を公開するにあたり，いわば消費期限切れの問題が多数あることに気づきました。あらためてご注意くださいますようお願い致します。直前の第6回でさえ，GIFやグローバルILLに関する問題，NDL-OPACについての問題があり，これらは今後は問いとして成立しません。これから受験対策，自己研鑽としてお使いいただく際，どうぞ飛ばして読んでください。問題番号にマークを付けています。かつて国立国会図書館電子アーカイブシステムはPORTAと呼ばれていたこと，WebcatやScirus，日化辞Webなどがあったことを知っていても，食中毒はおこさないでしょうから，出題当時の問題冊子をほとんどそのまま復元しています。

　実際の図書館業務は，それぞれ利用対象者の専門分野が異なるため，人文学系，社会科学系，医科学技術系で偏りなく出題されていますが，逆にどの分野も満遍なくこなさなくてはならないことが，この試験のハードルを高くしているのではないかと思います。したがって100点は求められませんが，単純な○×問題に込められた，「これは知っておいたら役に立つよ」「利用者がしがちなこんな間違いには気をつけて！」という出題者の意図を，図書館サービス担当者への期待値として読んでいただければ幸いです。

　2018年3月30日

高野真理子
（NPO法人大学図書館支援機構副理事長）

［監修・執筆者］
小西和信（こにしかずのぶ）：まえがき
（武蔵野大学教授・NPO法人大学図書館支援機構理事長）

［執筆者］
大庭一郎（おおばいちろう）：第1章
（筑波大学図書館情報メディア系講師）

高野真理子（たかのまりこ）：あとがき
（NPO法人大学図書館支援機構副理事長）

IAAL
大学図書館業務実務能力認定試験 過去問題集
情報サービス-文献提供編

（略称：IAAL（アイアール）過去問題集-文献提供編）

2018年4月10日　初版第1刷発行

検印廃止

監　修　者	小　西　和　信	
編　　者Ⓒ	IAAL認定試験問題集編集委員会	
発　行　者	大　塚　栄　一	
発　行　所	株式会社 樹村房	

〒112-0002
東京都文京区小石川5丁目11番7号
電話　東京03-3868-7321
FAX　東京03-6801-5202
http://www.jusonbo.co.jp/
振替口座　00190-3-93169

デザイン／BERTH Office
組版・印刷／美研プリンティング株式会社
製本／有限会社愛千製本所

ISBN978-4-88367-302-5
乱丁・落丁本はお取り替えいたします。

◉関連図書◉

小西和信 監修　IAAL認定試験問題集編集委員会 編

IAAL大学図書館業務実務能力認定試験 過去問題集
各B5判／本体2,100円＋税

  総合目録―図書編
217頁／ISBN978-4-88367-300-1

  総合目録―雑誌編
ISBN978-4-88367-301-8

  情報サービス―文献提供編
177頁／ISBN978-4-88367-302-5

〈好評既刊〉
小西和信 監修　IAAL認定試験問題集編集委員会 編

IAAL大学図書館業務実務能力認定試験問題集
2016年版 ―専門的図書館員をめざす人へ―
B5判／241頁／本体2,300円＋税／ISBN978-4-88367-248-6

宮沢厚雄 著　「キイノート」三部作　各B5判

分類法キイノート　増補第2版
日本十進分類法［新訂10版］対応
104頁／本体1,500円＋税／ISBN978-4-88367-275-2

目録法キイノート
日本目録規則［1987年版改訂3版］対応
104頁／本体1,500円＋税／ISBN978-4-88367-260-8

検索法キイノート
図書館情報検索サービス対応
144頁／本体1,800円＋税／ISBN978-4-88367-290-5

〒112-0002　東京都文京区小石川5-11-7　樹村房
URL：http://www.jusonbo.co.jp/
TEL：03-3868-7321　FAX：03-6801-5202
E-mail：webinfo@jusonbo.co.jp

『IAAL大学図書館業務実務能力認定試験過去問題集 情報サービス 文献提供編』解答一覧

問題番号	1	2	3	4	5	6	7	8	9	10	11	12	13	14	15	16	17	18	19	20	21	22	23	24	25
第1回	○	×	×	○	○	×	○	×	×	×	○	×	○	○	×	○	×	○	×	×	○	○	×	○	×
第2回	×	○	○	○	×	×	×	○	×	○	×	○	×	×	×	×	×	×	○	○	○	×	×	×	○
第3回	×	○	×	×	×	×	×	×	○	○	×	○	○	○	×	×	○	○	○	×	○	×	×	○	×
第4回	○	×	×	×	×	×	×	○	×	○	×	×	×	×	×	×	×	○	×	×	×	×	○	×	×
第5回	×	×	○	×	○	×	○	×	○	×	○	×	×	×	×	○	×	×	×	○	×	×	×	×	×
第6回	○	○	×	○	○	○	○	×	○	○	×	○	○	×	○	×	○	○	×	×	○	×	○	×	×

問題番号	26	27	28	29	30	31	32	33	34	35	36	37	38	39	40	41	42	43	44	45	46	47	48	49	50
第1回	○	×	○	×	○	×	○	○	×	○	×	×	×	×	×	○	×	×	×	○	×	○	×	×	×
第2回	×	○	×	×	×	×	×	×	×	○	×	×	×	○	×	×	○	○	×	○	○	×	×	×	○
第3回	○	○	×	×	○	○	○	×	×	×	×	○	○	×	○	×	×	×	×	×	×	×	○	×	×
第4回	×	×	×	×	×	×	×	×	○	○	×	×	×	×	×	○	×	×	○	×	×	×	×	×	×
第5回	×	×	×	×	×	×	×	×	○	○	×	×	×	×	×	×	×	×	×	×	×	×	×	×	×
第6回	○	○	×	○	○	○	×	×	○	○	×	×	×	×	×	×	×	×	×	○	○	○	×	○	×

問題番号	51	52	53	54	55	56	57	58	59	60	61	62	63	64	65	66	67	68	69	70	71	72	73	74	75
第1回	×	×	×	×	×	×	×	×	×	×	×	×	×	×	×	○	○	×	×	×	○	×	×	×	○
第2回	×	×	○	×	×	×	×	×	×	○	×	×	×	×	×	×	×	×	×	○	×	×	×	×	×
第3回	○	○	×	×	×	×	×	×	×	×	×	×	×	○	○	×	×	×	×	×	×	×	○	○	×
第4回	○	×	×	○	○	×	×	○	○	×	×	×	×	×	×	×	×	×	×	×	×	○	×	×	×
第5回	×	×	×	×	○	○	×	×	×	×	○	×	×	×	×	×	×	×	×	×	×	×	×	×	×
第6回	○	○	×	○	×	○	×	×	×	○	×	○	×	×	×	×	×	○	○	○	○	○	×	×	○

問題番号	76	77	78	79	80	81	82	83	84	85	86	87	88	89	90	91	92	93	94	95	96	97	98	99	100
第1回	○	○	○	×	○	×	×	×	×	×	○	×	○	×	○	○	○	○	○	×	×	○	×	○	×
第2回	×	×	×	○	×	×	×	×	○	×	×	×	×	×	×	×	×	×	×	×	×	×	×	○	○
第3回	×	×	×	×	×	×	×	×	×	×	×	×	×	○	○	×	×	×	×	×	○	×	×	○	○
第4回	○	○	○	×	○	○	○	×	×	○	○	○	×	×	×	○	×	×	○	○	○	×	○	×	○
第5回	×	×	×	×	○	×	×	×	×	×	×	×	×	×	×	○	×	×	×	×	○	×	×	×	×
第6回	×	○	×	○	○	×	○	○	×	○	○	×	×	×	×	○	○	○	×	○	×	○	○	○	○